从零开始学做主播

柏承能　编著

清华大学出版社
北京

内 容 简 介

如何从零开始,精准定位,选择好主播的领域和方向?如何与众不同,镜头面前,表现出自己的专业和权威?如何经营粉丝,引爆流量,实现种草并带货销量大增?

本书通过12章内容、100多个案例,帮助您从新手成长为主播高手。

从主播的专业功力、即兴口才,到全场掌控,以及粉丝沟通、意外应变、种草带货等,本书均有详细的介绍,帮助您快速从入门到精通直播。

本书结构清晰,提供了一套完整、详细、实战性强的直播方案,不仅适合主播新手掌握直播的入门方法,快速了解直播的相关技巧;更适合在直播行业遇到瓶颈的主播,解决当前的难题,提高自身的专业水平。

本书封面贴有清华大学出版社防伪标签,无标签者不得销售。
版权所有,侵权必究。举报:010-62782989,beiqinquan@tup.tsinghua.edu.cn。

图书在版编目(CIP)数据

从零开始学做主播 / 柏承能编著. —北京:清华大学出版社,2020.10(2024.3重印)
ISBN 978-7-302-56590-1

Ⅰ. ①从… Ⅱ. ①柏… Ⅲ. ①网络营销 Ⅳ. ①F713.365.2

中国版本图书馆CIP数据核字(2020)第191286号

责任编辑:	张　瑜
封面设计:	杨玉兰
责任校对:	王明明
责任印制:	沈　露

出版发行:清华大学出版社
网　　址:https://www.tup.com.cn, https://www.wqxuetang.com
地　　址:北京清华大学学研大厦A座　　邮　编:100084
社 总 机:010-83470000　　邮　购:010-62786544
投稿与读者服务:010-62776969, c-service@tup.tsinghua.edu.cn
质量反馈:010-62772015, zhiliang@tup.tsinghua.edu.cn

印 装 者:三河市君旺印务有限公司
经　　销:全国新华书店
开　　本:170mm×240mm　　印　张:15　　字　数:360千字
版　　次:2020年11月第1版　　印　次:2024年3月第6次印刷
定　　价:59.80元

产品编号:088377-01

前言

直播行业无疑是近年来发展速度最快的行业之一。很多人看到直播行业收益多、赚钱快、门槛低，都纷纷加入直播行业，包括商人、明星、农民、主妇、修车工等各类人，并且还有一部分人通过开设培育主播的公司进行创业。

随着参与的人越来越多，平台主播数量也日渐饱和，想通过直播成为顶级流量也变得越来越难，当然机遇也会有，这主要看主播能不能抓住主播行业爆红的机会，抢占风口。

面对当下的环境，我们应该如何做好直播？如何实现快速吸粉、引流？如何吸引用户打赏或者购买产品？如何运营粉丝呢？ 本书将用 12 章内容进行解读，帮助主播打造自身 IP、掌控整场直播节奏、与粉丝建立亲密关系，解决用户的问题。

第 1 章：介绍直播的类型、团队的合作。

第 2 章：介绍如何明确自身定位，突出自身的优势。

第 3 章：介绍主播应该具备的专业能力、语言能力、应对能力、心理素质。

第 4 章：介绍主播如何吸引用户眼球，确定自己直播的主题，做好直播前的准备。

第 5 章：介绍如何提升专业能力，包括如何介绍产品吸引用户购买、做好预告、提高成交率等。

第 6 章：介绍主播直播的基本话术和口才表达技巧。

第 7 章：介绍主播掌控全场的 5 种技巧，对于粉丝吐槽等情况的应对方式。

第 8 章：介绍主播直播出现意外情况时应该如何应对，譬如：做好预防、及时处理、做好直播复盘等。

第 9 章：介绍用户种草的方式，如开箱式、测评式等；种草的策略，如福利吸睛、明星带货等。

第 10 章：介绍主播塑造自身 IP 的重要性，IP 的属性、特点、优势等。

第 11 章：介绍如何在各种软件上吸引用户，让用户成为你的粉丝。

第 12 章：介绍主播如何规避直播的雷区，比如内容庸俗等。

本书在编写过程中，得到了祁雨欣等人的帮助，在此表示感谢。由于作者知识水平有限，书中难免有错误和疏漏之处，恳请广大读者批评、指正。

编　者

目录

第1章 从零开始，学做主播 1

1.1 主要类型，6种选择 2
- 1.1.1 秀场主播，秀出自己 2
- 1.1.2 活动主播，宣传作用 2
- 1.1.3 体育主播，实时热点 3
- 1.1.4 游戏主播，线上交流 4
- 1.1.5 生活主播，日常分享 4
- 1.1.6 教育主播，在线学习 5

1.2 主播搭配，干活不累 6
- 1.2.1 两人主播，交流配合 7
- 1.2.2 三人主播，交替工作 8
- 1.2.3 四人主播，分工明确 8

1.3 主播入门，从0到1 9
- 1.3.1 开播之前，选择专业 9
- 1.3.2 试播阶段，边做边学 13
- 1.3.3 运营阶段，保持势头 14
- 1.3.4 起飞阶段，持续改进 16

1.4 打造完善，主播带货 17
- 1.4.1 不断充实，由小到大 17
- 1.4.2 算法机制，了解风口 18
- 1.4.3 专业能力，赢得信赖 21
- 1.4.4 角色划分，掌握运营 24
- 1.4.5 流量为王，数据运营 24

第2章 个人选择，重中之重 27

2.1 个人定位，关系重大 28
- 2.1.1 明确方向，勇往直前 28
- 2.1.2 凸显优势，与众不同 32
- 2.1.3 方便策划，内容吸引 33

2.2 5种维度，准确定位 34
- 2.2.1 行业维度，确定领域 34
- 2.2.2 内容维度，优质账号 35
- 2.2.3 用户维度，了解受众 35
- 2.2.4 产品维度，推广变现 35
- 2.2.5 人设维度，吸引眼球 36

2.3 细化定位，4种方法 38
- 2.3.1 根据专长，与众不同 38
- 2.3.2 根据需求，迎合用户 39
- 2.3.3 稀缺内容，另辟蹊径 40
- 2.3.4 根据特色，形成风格 41

第3章 专业态度，提升素养 43

3.1 专业素质，提升自己 44
- 3.1.1 才艺满满，耳目一新 44
- 3.1.2 言之有物，绝不空谈 44
- 3.1.3 精专一行，稳扎稳打 45
- 3.1.4 挖掘痛点，满足需求 46
- 3.1.5 勤奋刻苦，贵在坚持 47

3.2 语言能力，不惧沟通 47
- 3.2.1 注意思考，亲切沟通 47
- 3.2.2 选择时机，事半功倍 48
- 3.2.3 懂得倾听，做好互动 48
- 3.2.4 沟通竞赛，莫分高低 49
- 3.2.5 公平公正，理性对待 50

3.3 幽默技巧，慢慢积累 51
    3.3.1 收集素材，培养幽默 51
    3.3.2 抓住矛盾，摩擦火花 52
    3.3.3 自我嘲讽，效果甚佳 53
    3.3.4 幽默段子，天下无敌 54

3.4 机智巧妙，应对问题 55
    3.4.1 回答热点，客观中立 55
    3.4.2 回答问题，充分准备 55

3.5 心理素质，不断增强 57
    3.5.1 突然断讯，随机应变 57
    3.5.2 突发事件，冷静处理 58

第4章 镜头面前，完美演绎 59

4.1 选好主题，用户为主 60
    4.1.1 明确目的，做好准备 60
    4.1.2 用户角度，迎合口味 61
    4.1.3 抓住热点，切记及时 63
    4.1.4 打造噱头，增添色彩 63
    4.1.5 围绕产品，展现优势 65

4.2 找准渠道，多种模式 67
    4.2.1 产品发布，平台同步 67
    4.2.2 作秀直播，掌握技巧 68
    4.2.3 塑造形象，颜值直播 69
    4.2.4 限时抢购，抓住用户 70
    4.2.5 IP加直播，不容小觑 ... 72

4.3 全程把握，控制全场 73
    4.3.1 直播准备，必不可少 73
    4.3.2 直播过程，明确方向 76
    4.3.3 直播结束，粉丝维护 79

4.4 确保直播，正常进行 79
    4.4.1 选择评论，积极回复 80
    4.4.2 清醒认识，把握两点 81

4.4.3 直播空间，专业设备 81

第5章 专业功力，不断提升 83

5.1 学习技巧，促进成交 84
    5.1.1 建立信任，双向沟通 84
    5.1.2 塑造价值，品牌效应 ... 86
    5.1.3 锁定需求，满足用户 ... 86
    5.1.4 筛选产品，了解市场 ... 88
    5.1.5 营造紧迫，催促购买 ... 89

5.2 产品介绍，快速圈粉 89
    5.2.1 介绍时间，5分钟内 90
    5.2.2 自我介绍，突出特色 ... 90
    5.2.3 价格圈粉，优惠互动 ... 90
    5.2.4 质量圈粉，售后保证 90
    5.2.5 点出产品，介绍链接 ... 91
    5.2.6 试用产品，介绍性能 ... 92
    5.2.7 专业圈粉，详细介绍 ... 92

5.3 做好预告，流量暴增 93
    5.3.1 预告封面，提高曝光 ... 93
    5.3.2 预告时间，避开竞争 ... 95
    5.3.3 预告标题，使用热词 ... 96
    5.3.4 直播地点，自己定义 ... 102
    5.3.5 预告宝贝，产品上新 ... 104
    5.3.6 直播标签，获得流量 105

5.4 如何选择，优质货源 106
    5.4.1 直播货品，基本分析 ... 106
    5.4.2 商品受众，用户分析 ... 106
    5.4.3 商品主播，内容适配 ... 107
    5.4.4 商品本身，特点分析 ... 108
    5.4.5 商品市场，容量分析 ... 109
    5.4.6 自主选品，把握技巧 ... 110

第6章　准确表达，口才训练……111

6.1 表达之前，学会倾听 …………112
6.1.1 针对话题，实时回复……112
6.1.2 表示兴趣，拉近距离……114
6.1.3 不同角度，提出问题……114

6.2 构思安排，即兴主题 …………115
6.2.1 话题联想，引发笑点……116
6.2.2 提取关键，简明扼要……116
6.2.3 询问自己，了解优势……117
6.2.4 转换角度，积极表达……118

6.3 表达形式，适合自己 …………118
6.3.1 提出观点，分述论点……119
6.3.2 层层递进，细细铺垫……119
6.3.3 条理清晰，横向表达……120
6.3.4 特定顺序，纵向表达……120

6.4 即兴表达，注意事项 …………121
6.4.1 表达通俗，平易近人……121
6.4.2 表达质量，情感沟通……122
6.4.3 态势语言，表达情绪……123

6.5 锻炼口才，沟通话术 …………124
6.5.1 欢迎话术，热情洋溢……125
6.5.2 感谢话术，表达感恩……125
6.5.3 引导话术，刺激消费……125
6.5.4 提问话术，激起回应……125
6.5.5 下播话术，引起期待……126

第7章　把握粉丝，掌控全场……127

7.1 直播控场，4个阶段 …………128
7.1.1 直播开端，留好印象 …128
7.1.2 刺激用户，活跃气氛……129
7.1.3 节奏把握，松弛有度 …130
7.1.4 直播预告，埋下伏笔……131

7.2 直播销售，5种技巧 …………131
7.2.1 3种方法，介绍产品 …132
7.2.2 赞美用户，营造气氛……133
7.2.3 强调优势，条理清晰……133
7.2.4 示范产品，多面展示……133
7.2.5 设定期限，催促下单……134

7.3 处理吐槽，3种方法 …………135
7.3.1 直接无视，做好自己……135
7.3.2 指桑骂槐，侧面抨击……136
7.3.3 正面激励，自我疏导……136

7.4 情感疏通，3种方法 …………137
7.4.1 关注需求，对症下药……137
7.4.2 重视用户，全民参与……137
7.4.3 用户不满，情绪安抚……138

7.5 控场技巧，5大法宝 …………139
7.5.1 出现问题，找出根源……139
7.5.2 表达错误，及时纠正……139
7.5.3 气氛沉闷，多多活跃……140
7.5.4 用户挑衅，机智应对……141
7.5.5 遇到高手，真诚请教……142

7.6 粉丝交流，3种方式 …………142
7.6.1 粉丝互动，即时回复……142
7.6.2 情绪管理，积极带动……143
7.6.3 具亲和力，拉近距离……144

第8章　意外情况，随机应变……149

8.1 直播前期，做好预防 …………150
8.1.1 亲身试用，以防差错……150
8.1.2 熟悉产品，了解信息……151
8.1.3 直播演练，以防万一……152
8.1.4 产品筛选，严格把关……154

8.2 直播失误，及时处理 155
 8.2.1 面对错误，及时纠正 156
 8.2.2 不怕犯错，重新再来 157
 8.2.3 面对失误，及时道歉 158
8.3 直播过后，复盘改进 159
 8.3.1 观看回放，复盘流程 160
 8.3.2 与品牌方，一起解决 160
 8.3.3 找到问题，负责到底 160

第9章 种草带货，主要策略 161

9.1 做好种草，必备因素 162
 9.1.1 充足货源，保证速度 162
 9.1.2 原创视频，吸引用户 163
 9.1.3 突出优势，打动用户 163
9.2 种草产品，6大玩法 164
 9.2.1 开箱种草，吸引注意 165
 9.2.2 剧情种草，带入情节 165
 9.2.3 测评种草，内容丰富 165
 9.2.4 明星种草，借助名气 167
 9.2.5 种草名单，展示大纲 168
 9.2.6 知识分享，干货满满 168
9.3 直播种草，主要策略 169
 9.3.1 展现细节，突出优势 169
 9.3.2 一心一意，专注产品 170
 9.3.3 福利吸睛，引导用户 170
 9.3.4 物美价廉，口碑建立 172
 9.3.5 设置悬念，吸引人气 174
 9.3.6 多种对比，优劣立显 175
 9.3.7 明星效应，吸引用户 176

第10章 大势主播，IP的塑造 ... 177

10.1 根据属性，强化IP 178
 10.1.1 传播属性，IP覆盖广 ... 178
 10.1.2 内容属性，IP内容好 ... 181
 10.1.3 粉丝属性，IP黏性强 ... 182
 10.1.4 前景属性，IP价值高 ... 183
 10.1.5 内涵属性，IP深度高 ... 184
 10.1.6 故事属性，丰富形象 ... 185
10.2 人物沉淀，尽显IP特点 185
 10.2.1 社交网络，媒体发展 ... 186
 10.2.2 商业变现，能力较强 ... 186
 10.2.3 年轻个性，丰富内容 ... 187
 10.2.4 跨越平台，延伸领域 ... 188
 10.2.5 明确观念，判断是非 ... 188
 10.2.6 超高频次，内容输出 ... 189
 10.2.7 人格魅力，偶像气质 ... 190
10.3 不断输出，IP产业链 190
 10.3.1 公会打造，IP新生态 ... 191
 10.3.2 平台构建，新产业链 ... 191
 10.3.3 主播才艺，平台扶持 ... 191
10.4 掘金时代，IP的变现 192
 10.4.1 定位预测，数据分析 ... 193
 10.4.2 服务新品，设计能力 ... 193
 10.4.3 社交平台，运营维护 ... 194
 10.4.4 粉丝经济，运营能力 ... 194
 10.4.5 灵活供应，支持能力 ... 195
 10.4.6 优质内容，创作能力 ... 196
 10.4.7 明星直播，泛娱乐化 ... 196

第11章 向外拉新，转化粉丝 ... 197

11.1 向外推广，不断拉新 198
 11.1.1 启动拉新，获取粉丝 ... 198
 11.1.2 获得曝光，转化用户 ... 203
11.2 用户转化，变成粉丝 204

11.2.1　转化粉丝，6个技巧 … 204
　　11.2.2　增强亲密度，提升等级　207
11.3　直播转化，商品带货 …………208
　　11.3.1　转化购买，4种技巧 … 208
　　11.3.2　积累流量，激活粉丝 … 210

第12章　规避误区，抓住痛点 … 211

12.1　陷入误区，难以抽身 …………212
　　12.1.1　依赖平台，经常跳槽 … 212
　　12.1.2　盲目从众，赶时髦式 … 213
　　12.1.3　非法侵扰，侵犯隐私 … 214
　　12.1.4　内容奇葩，违规风险 … 215
　　12.1.5　逃税暗礁，逃税漏税 … 216
12.2　抓住痛点，点明问题 …………216
　　12.2.1　运作模式，千篇一律 … 216
　　12.2.2　资本介入，影响内容 … 217
　　12.2.3　低俗倾向，打擦边球 … 217

　　12.2.4　粉丝维护，促进购买 … 218
　　12.2.5　运营监管，成本增加 … 219
　　12.2.6　自采内容，新的挑战 … 219
　　12.2.7　IP著作权，争议不断 … 220
12.3　三观不正，即成歪风 …………221
　　12.3.1　一味物质，失去自我 … 221
　　12.3.2　粗俗不堪，难以长久 … 221
　　12.3.3　盲目拜金，深陷沉沦 … 222
　　12.3.4　庸俗内容，失去本心 … 222
12.4　内容策略，技术上阵 …………224
　　12.4.1　人工智能，打破瓶颈 … 224
　　12.4.2　渠道创新，解决策略 … 224
　　12.4.3　垂直领域，边路突破 … 224
　　12.4.4　制定规章，整顿治理 … 225
　　12.4.5　传统文化，内容突破 … 225
　　12.4.6　技术手段，一改风气 … 226
　　12.4.7　规避问题，冷静思考　227

第1章
从零开始,学做主播

学前提示

近年来,越来越多的人涌入直播行业,想赚一把快钱,但是很多人对于直播只有片面的认知。

本章将加深主播对直播行业的认识,带领大家从零开始学做主播。

要点展示

- 主要类型,6种选择
- 主播搭配,干活不累
- 主播入门,从0到1
- 打造完善,主播带货

1.1 主要类型，6种选择

直播的形式多种多样，层出不穷，比较常见的形式有秀场直播、活动直播、体育直播、游戏直播、生活直播、教育直播等。本节将为你详细介绍不同类型主播的直播内容。

1.1.1 秀场主播，秀出自己

秀场直播，顾名思义就是通过直播来展现自己，秀自己。在过去，想要成为明星要经过重重筛选，还要有资金和粉丝支持，一般而言比较困难。而如今，有了众多直播平台，只需开通一个直播号，拥有一台电脑或一部手机就可以推广自己。只要你有真才实学，就能获得他人的关注。

"秀色直播"是比较知名的秀场直播平台。如图1-1所示，为秀色秀场的直播广场。从图1-1中可以看出，各式各样的才艺都有，如果你没有才艺也没关系，只要你能展示出自己的独特之处就行。

图1-1 秀色秀场的直播广场

这样的秀场直播不仅灵活，而且门槛较低。只要有梦想的年轻人都可以通过这个平台去运营，有的人甚至能够借此赚取丰厚的利润，成为网络中的"小明星"。

1.1.2 活动主播，宣传作用

活动直播主要是针对公司。比如，某公司要推出一款新的产品或举办一场大型的销售活动，这时候直播就可以起到一个平台的作用。很多企业举办产品直播发布会都会请一个专业的主播。通过直播，对发布内容感兴趣的用户只需要打开手机就能看到企业的活动。

例如，2020年3月26日在法国巴黎，华为线上举办了一场别开生面的直播发布会，余承东担任主播，从硬件性能和通信方面介绍华为新品P40，P40系列全线支持40W快充技术和无线充电，手机采用索尼新一代IMX700传感器，像素达到5000万，这场发布会结束以后，在网上获得了很大的反响。从中可以看出，活动直播能够为企业或娱乐界带来流量，并起到良好的营销宣传作用。

1.1.3 体育主播，实时热点

体育直播指的是对体育赛事进行实时播报，可以说这是一种比较成熟的直播类型，同时也是我们耳熟能详的直播。在体育直播过程中，用户可以采用发弹幕的方式支持自己喜欢的参赛队，还可以和讲解赛事的主播互动，给主播送礼物、红包等，如图1-2所示。

图1-2　篮球直播

例如，2020年拳击选手张伟丽火爆网络，原因是张伟丽在国外打拳击比赛，以超强的实力获得了冠军。大批喜欢拳击但无法去现场观看的粉丝，在网络上观看了节目，并直呼过瘾。

由此可以看出，体育直播有很大的影响力，尤其是在直播一些关注度高的体育赛事时，例如世界杯、奥运会等，用户的数量会上涨几百万甚至几千万，这也是体育竞技的魅力所在。

1.1.4 游戏主播，线上交流

游戏直播这几年的发展速度之快令人咂舌，这也和游戏的火爆密不可分。游戏直播的性质和体育直播有几分相似，不过是将竞技的场所从运动场转移到了电脑面前。游戏玩家借助直播平台几乎都可以找到志同道合的小伙伴，最方便的是可以交流竞技经验，互相学习游戏技巧，从中获得精神享受。

游戏直播平台中，比较知名的有斗鱼直播、虎牙直播等。如图1-3所示，为虎牙游戏直播的界面。从中可以看到满屏都是游戏直播的信息，而且界面左侧还对游戏进行了比较详细的分类。

图1-3　虎牙游戏直播

在直播过程中，游戏主播可以与粉丝进行很好的交流互动，吸引喜欢他们的粉丝，互动期间，用户还可以给主播送礼物。因此，很多人气较高的游戏主播月收入上万，同时也反映了游戏时代的真实现状。游戏直播让玩游戏从比较单一的竞技活动变成了实时交互的社交活动。

越来越多的人现在开始关注游戏主播，但是用户对游戏主播的游戏水平要求也越来越高，有的时候主播游戏打得不好，还会被观看游戏直播的用户吐槽。

1.1.5 生活主播，日常分享

生活直播的意思就是通过手机下载直播软件对个人的日常进行直播，这种直播不受时间、地点的限制，走到哪里直播到哪里。生活直播最大的特点就是与他人分享自己生活的点滴。

在微博上有一个微博名为"珍哥小姐姐"的主播，有60多万粉丝。生活主播一般会在微博上直播吃饭、逛街、旅行、买衣服等内容。主播"珍哥小姐姐"用手机直播自己的日常生活，并以此俘获了很多粉丝，如图1-4所示。

图1-4 "珍哥小姐姐"的直播内容就是自己的日常生活

在直播过程中，主播以一种亲近可爱的语言与粉丝对话，在微博直播间分享自己的生活，这些都能与粉丝产生精神上的共鸣。

1.1.6 教育主播，在线学习

学校教育是一种比较传统的教育形式。但是，随着网络资源的共享，孩子们不仅可以在学校里学习，也可以在网络上学习，很多从事教育或者懂得某一门知识的人，纷纷化身为主播，在网上直播授课，吸引大量的粉丝围观。

当然，线上直播教育平台的上线，使教育主播成为一种新兴职业。这些平台通过主播的传授，让孩子可以在电脑面前交流、在家学习。

早在2000年，新东方就推出了直播课堂，并一直在业界保持着良好的口碑与势头。除了老牌培训机构新东方之外，还有路云朵课堂、网易云课堂等在线课堂。

教育直播不仅可以实现远程教育的功能，让学习变得更加便捷，同时还弥补了教育资源分布不均的缺陷，在一定程度上有效地促进了教育公平。如图1-5所示，为知名的教育培训机构"学而思网校"的直播课堂。

在抖音上也有一些主播在平台上进行免费的数学、英语教学。例如，某主播在抖音上教高中数学，如图1-6所示。

从零开始学做主播

图1-5 "学而思网校"的直播课堂

图1-6 抖音平台某主播在教授高中数学

1.2 主播搭配，干活不累

俗话说，我们能轻易地折断一根筷子，但无法轻易地折断一把筷子。一个人的力量永远比不上一群人的力量。一个主播单打独斗，不如几个主播共同合作。

我们都知道，一个人激情四溢地大声吆喝，没过多久就会筋疲力尽。直播时间越长，对于主播来说，就越有挑战性。在观看直播时，我们可以听到很多主播的声音都有一些沙哑。因为主播在直播时，不仅需要不断地介绍产品，吆喝售卖，还要试穿、试用产品，更需要积极地调动直播间的氛围，与用户及时互动。

因此，光靠主播一个人是远远不够的，为了分担主播的任务量，更好地为用户服务，我们可以选择一个或者几个人一起直播。让别人帮你选择商品、联系供应商、在直播间吃喝、杀价、活跃气氛、实时监控数据、记录销售订单、与观众互动等。

1.2.1 两人主播，交流配合

在直播过程中，两人配合进行直播尤其常见。在推荐商品时，两个主播聊天互动比一个人侃侃而谈更有看点。一位主播向用户传递主要信息，另一位主播控制场面，营造氛围。

例如，为了缓解疫情对线下实体书店的冲击，2020 年 4 月 30 日白岩松在抖音平台担任主播，以 180 分钟直播连线的方式，向用户推荐六家民营书店，分别是西西弗、言几又、钟书阁、泉州风雅颂数据、南京先锋书店、见鹿书店。

白岩松在直播间提倡纸质阅读，希望越来越多的人到书店读书、买书。如图 1-7 所示，为主持人在和风雅颂书局负责人连线的场景。直播过程中，白岩松问风雅颂书局负责人哪些书的销量比较好、书店的销售额等问题。通过一问一答，让用户了解到书店当前的运营状况。

除了两人连麦对话的直播方式外，两个主播在现场直播的方式也很常见。例如，两位主播为用户展示服饰，如图 1-8 所示。

图 1-7 白岩松和书店负责人直播

图 1-8 两位主播为用户展示服饰

1.2.2 三人主播，交替工作

一个主播的成功离不开主播的个人能力，也同样离不开团队的运营。在直播过程中，三个人出镜直播带货的直播方式并不少见。

三个人同时直播交替工作，能够不间断地向用户传递信息，主播休息的时候另一个人可以继续补充介绍，使直播间保持信息的输出，让用户持续关注。

三人团队分工明确，第一个大主播对产品进行介绍，第二个主播服务大主播，帮助大主播介绍产品，在大主播休息的时候，适当地插话和补充。第三个主播在旁边应和主播表达的观点，介绍活动，回答粉丝的问题，与粉丝保持联系。

例如，在淘宝账号名叫"默默 mo7"的一场直播中，第一个主播介绍商品，第二个主播介绍产品的优惠活动，积极与粉丝沟通，第三个主播做场助，为主播提供产品，如图 1-9 所示。

图 1-9 三人直播间

1.2.3 四人主播，分工明确

对一个主播来说，一场直播下来往往会筋疲力尽。主播不仅要及时欢迎新用户，还要巩固老用户，及时地回复用户提出的问题，往往一刻也不停。为了解决这个问题，我们可以选择多人出境。不仅如此，四个人同时表达一个观点，还能加强说话的力度，体现话语的重要性，从而获得更好的直播效果。

第一个主播展示产品，第二个主播应和并强调产品的优点，第三个主播做好服务，第四个主播做好运营，回答粉丝的问题。四个人分工明确，配合默契就能够获得很好的直播效果。

1.3 主播入门，从 0 到 1

每个主播的成功都是有原因的，李佳琦的成功离不开背后的平台和团队；薇娅的成功离不开自己早年在娱乐圈的闯荡、开服装店的经验；罗永浩的成功离不开他作为"锤子"手机创始人自带的流量和抖音平台的扶持。每一个大主播都是从小主播逐渐成长起来，逐渐被人熟知的，那么主播应该如何从 0 到 1 做好直播呢？

在直播行业中，有太多的主播怀着新奇、试一试的心理，还有一些新人主播，在看到那些 TOP 级别的主播一次次超高的成交额后，要么觉得遥不可及，要么幻想自己也可以成为这种 TOP 主播，这种心理都是正常的。

随着直播行业的竞争越来越激烈，很多新手主播的收入非常不稳定，在初期也没有很高的人气。一个新手主播要想成为这种 TOP 级别的主播，并不简单。主播当下应该重视的，是了解直播的基本流程，帮助自己走出漂亮的第一步。如图 1-10 所示，为做直播前的现场准备。

图 1-10 做直播前的现场准备

1.3.1 开播之前，选择专业

在直播行业，主播要做的事情，不是单纯地在屏幕前进行直播就可以了，这只是展现在屏幕上的工作。真实的情况是，从进入主播行业，到第一次开播之前就需要一步一步扎实地打好基础。

做主播有两种获得收益的类型：类型一是才艺主播，通俗来讲，就是主播利用自己的才艺或者个性特点等吸引粉丝，让粉丝对主播进行打赏；类型二就是带货主播，就是主播通过销售产品，获得出场费和佣金。

当然也有一些主播，两个类型都兼顾。例如，某美食主播通过展示自己能吃而吸引粉丝，进而向观众推荐自己所吃的食品，进行带货直播。

不变的是，才艺主播需要有自己擅长的才艺或者沟通技巧来吸引粉丝打赏，带货主播要有清晰的表达能力从而使粉丝购买产品。

在直播之前，主播要思考自己擅长的直播方向，才能吸引更多的用户。为了更好地了解直播的流程和步骤，下面将从直播的几个阶段介绍新人主播在各个直播阶段的工作内容，以及需要掌握的技能。如图 1-11 所示，为新人主播的直播阶段分析。

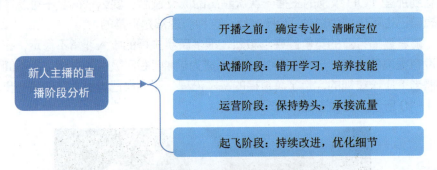

图 1-11　新人主播的直播阶段分析

不管选择什么方向，主播都需要有自己鲜明的个人特色。在开播之前主播要选择好自身的专业，并对自己有清晰的定位。以下几点能够帮助主播进行定位。

1. 明确个人定位

主播应明确自己在直播间的人设。在直播行业里，主播的人数和类型太多，想让观众记住你，不能单凭外表。毕竟，这个世界上好看的人太多了，这就是为什么会出现"好看的皮囊千篇一律，有趣的灵魂万里挑一"的说法。

人设一直是吸引粉丝的法宝，当主播树立起自己的人设后，需要不断地向粉丝强调自己的人设，更重要的是让粉丝相信自己的人设。例如，主播可以在直播间向观众和粉丝说，"这周的销售额要做到第一""我要成为在直播榜上前多少排名的主播"等。

这样可以让粉丝感觉，这种充满斗志和信心的人就是我想成为的那种人、这个主播就是我向往成为的那种人，我要向他学习，和他一起成长、进步。让粉丝感觉支持这个主播，就是在支持自己。

当然，主播更应明白的一点是，强调人设的目的在于你所树立的人设能够让喜欢你的粉丝更加信任你。也就是主播在直播间的行为举止要符合自己的人设，要让粉丝觉得主播说话内容所表现出来的模样，和主播在直播间表现出来的模样是贴近、相符合的。

主播在一定程度上和偶像一样，都需要一个人设作为别人记住自己的标签。标签可以是人物的性格，也可以是产品。最了解自己的人还是自己，这就需要主播认清自己的专业和人设定位，让自己在直播成长道路上有一个不错的开端。

人物标签的确定非常重要，标签可以是可爱的萌系主播，也可以是帅气的御姐型主播等。作为一个主播，重要的是让粉丝一旦看到类似"萌系""御姐"等关键词的时候，第一个想到的就是自己。如图1-12所示，为御姐风的主播。如图1-13所示，为可爱风的主播。

图1-12　御姐风的主播　　　　图1-13　可爱风的主播

主播的产品标签就是自己卖得最好的产品，比如，李佳琦又名"口红一哥"，因为其最擅长销售的产品是口红，口红就成了李佳琦的标签。如果想让粉丝对自己的人设信服，主播在直播的时候，可以通过肢体语言向观众和粉丝表现出自己的性格、形象。此外还有一个更简单的方法，那就是主播自己"说"出来。

例如，在抖音直播中，有一个主播就是通过讲故事的方式为自己营造人设。主播讲述自己是一个卖鞋的商家，因为疫情的原因，大量鞋子卖不出去，并且因为请不起美女网红，于是就自己带货。商家为了模仿美女网红，还带了假发和小卡子，营造了一种悲惨商家的人设。

通过主播的自我叙述，用户感受到主播的真实，而真实就能够让用户信服，继而产生信赖，再演变成依赖，从而让粉丝最后"锁定"你的直播间。很多用户都表示理解商家的难处，用户对故事人设产生共鸣后，能够迅速地认可主播的观点。如图1-14所示，通过人设的渲染，主播不仅收获了人气，还售出了产品。

图1-14　抖音主播突出悲惨商家人设售卖商品

2. 选择才艺方向

选择才艺方向，即主播应选择自身所擅长的领域、专业。主播如果想通过才艺得到打赏，就需要找到自己擅长的方向，比如美妆、美食、娱乐、游戏、乐器等。在抖音直播间里，大部分主播都有自己的表演内容。如图1-15所示，为两位不同的主播展示笛子和古筝演奏。

图1-15　抖音主播展示乐器才艺

3. 选择直播带货

对于直播带货来说，最终还是需要粉丝买单，但是要让粉丝愿意花钱买单，是需要一定的销售技巧的。

最基础的销售技巧就是主播自己对商品的了解程度可以让粉丝觉得很专业，从而让粉丝产生信任感。如图1-16所示，为两位主播非常专业地介绍产品。当然最重要的是，商品的品质可以吸引粉丝愿意再次购买，这才是留住粉丝最好的方法。

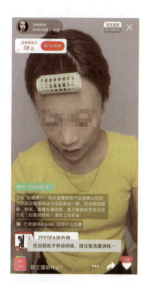

图1-16　淘宝主播专业地介绍产品

1.3.2　试播阶段，边做边学

在试播阶段，对于刚开始直播的主播来说，可以从以下两个方向作出改变，节约彼此的孵化时间，从而提高孵化成功的概率。如图1-17所示，为提高主播孵化成功率的措施。

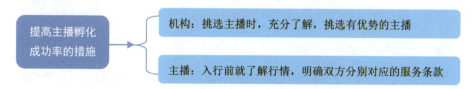

图1-17　提高主播孵化成功率的措施

首先需要认真挑选直播机构。这个阶段主播要学会主动学习，加强对直播相关知识的了解，对不足之处要及时改善，提高自己的专业技能。

1. 选择机构

主播需要选择合适的直播孵化机构。对于直播机构，最重要的就是投入的成本可以快速得到回报,但是作为一个新人主播,要想在短时间内就获得流量进而盈利,这样的成功范例很少。

试播阶段,是一个前期需要投入,却没有回报的过程。很多机构为了节约资金,都尽可能地去压缩新主播前期的投入成本,将更多的资源分配给比较成熟的主播。但新主播在前期恰恰是非常需要运营和关注的,如果得不到相应的关注和重视,主播在遇到问题和疑问时,就只能自己一步一步摸索,这样太耗费精力和时间,影响主播的直播成功率。

此外,部分机构会给新主播提供一个试播机会,时间为一周左右,机构会给主播提供测试账号,或者去某个店铺进行直播测试,进而衡量主播的潜在价值。

2. 积极学习

在正式步入直播行业后,主播应该主动学习直播知识。在初期应尽可能地汲取专业知识,就像从事其他工作一样,也会经过一段实习期,只有在实习期表现不错的员工才能转正或者提前转正。主播并没有想象中那么轻松,也不是一个可以随便对待的工作。不管是想吸粉、扩大自身的影响力,还是想直播销售、获得金钱收入,主播都需要认真地学习直播知识,从而提高实战能力。

在试播阶段,可以尝试通过以下两种渠道学习和累积自身的直播经验,如图1-18所示。

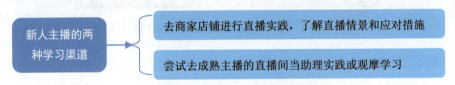

图1-18　新人主播的两种学习渠道

新主播都是从学习直播知识,了解、掌握直播流程开始的。像建房子一样,只有最初把地基打好,才可以在这个基础上进行其他布局、规划。通过不断地实践和学习,我们才能踏踏实实地走好直播这条路。

1.3.3　运营阶段,保持势头

在试播期间之后,主播就可以正式进入运营阶段。这时机构会重点考察用户在该主播直播间的停留时间长短和路转粉的比例。如果这两个数据都不错,那么下一周主播的数据基本上就会出现上升趋势。这个时期机构会对主播的各个方面进行审核,进而判断主播的发展潜力。

为了从一开始就把这两个数据做好,主播除了要保持自己直播的劲头外,还需要在直播脚本上下一定的功夫,这份脚本应规划主播每天的直播流程、直播内容、话术建议、画面展示。如图1-19所示,为某直播的脚本内容。

直播主题	春季新品上新		
直播流程	直播内容	话术建议	画面
1. 开场1min	开播介绍	进入直播状态,签到环节,和进来的用户打招呼	近景直播,切主播画面
2. 1~5min	商品预告	边互动边安利本场直播1~2款爆款,互动建议选择签到打卡抽奖,不断强调每天定点开播,等大部队来	近景主播介绍,中景全身比对展示主推款
3. 10~20min	商品介绍	将今天所有的款全部走马观花过一遍,不做过多停留潜在爆款可重点推荐。整个剧透持续10分钟,不同款配套全身比对展示。整个过程不看评论,不跟粉丝走,按自己的节奏逐一剧透	中景全身比对展示
4. 开播主体	商品卖点讲解 试穿搭配演绎 互动玩法	开播半小时左右正式进入产品逐个推荐。有重点地根据用户需求、促销优惠来介绍,参考直播前预设的产品结构顺序,每个产品进行5分钟直播。主推款试穿,介绍搭配方法。同时优惠券、抽奖,引导下单。	切主播全身,试穿主推款详细介绍,近景特写展示服装细节
5. 最后1小时	返场演绎	做呼声较高产品的返场演绎	
6. 最后10min	下播预告引导	剧透明天服饰款品,见缝插针回复今日商品的问题。强调关注主播,明天几点准时开播,明日福利	

图 1-19 直播的脚本内容

在直播的前面几天,可以不考虑安排商品,只专注于树立主播的人设以及强化这个人设。到后面几天,再开始让主播推荐一些商品,商品的数量要和直播间的直播时长、带货强度保持一致,并且呈现同时上涨的趋势。如图 1-20 所示,为主播在直播间进行商品的推荐活动。

图 1-20 主播在直播间进行商品的推荐活动

如果第一周的数据还不错,不出意外的话,第二周的数据会有所上升。第一周在平台上的表现相当于为下一周获得流量做一个铺垫,第一周属于获得流量的一个过程,那么第二周就可以承接上周的流量了。这个时候,主播需要做的就是维持之前的主播风格,不要去尝试改变,寻求所谓的突破,整个直播风格要保持一种稳定的状态,以吸引更多相同类型的用户。

只要好好地吸收、消化主播带来的流量,完美地承受住这些流量的注入,主播和直播间在平台上面的印象分数就会提高,之后主播在流量分配上自然也会多一些,这对于后期的成长是非常有帮助的。

1.3.4 起飞阶段，持续改进

当主播已经拥有了一部分观看直播的用户，直播技巧也越来越熟练后，表明主播已处在起飞阶段。在起飞阶段，学会持续改善不足之处，优化直播细节是非常关键的一步，所以主播要学会这两点。

1. 持续改善不足之处

这个阶段，直播间的数据会出现明显的变化，而变化的结果只有两种，变好或者变坏。主播要根据直播数据进行改进，如果直播间数据没有提高反而下降，就是变坏，那么主播和机构就需要重新制订主播的孵化计划，同时一定得做好打长期战心理的准备，保持好心态。

2. 优化直播细节

如果孵化成功，这时候主播和机构要做的就是优化直播间的细节，进一步提升直播间的档次。比如，根据直播内容来装饰直播间，在直播间的背景、灯光、饰品、摆设等细节上，进行一定程度的优化，这样可以提高直播间的视觉效果，提升整个直播间的档次等级，也可以起到吸引潜在粉丝的作用。良好的直播背景能给人带来愉悦的感觉，糟糕的环境会让粉丝立即划走，毫不停留。

例如，主播直播唱歌表演才艺，就需要有一个让用户看起来很温馨的直播背景，如图 1-21 所示。带货主播直播售卖，直播背景就要和产品相关。例如，主播售卖包包，背景就是摆满包包的一面墙，如图 1-22 所示。

图 1-21　主播的背景给人温暖的感觉

图 1-22　带货主播的背景是一墙的包包

1.4 打造完善，主播带货

一个小主播要成为超强的带货主播，需要不断地坚持和学习。通过不断的实践和积极的探索来完善自己。本节为读者讲述如何成为一个超强的带货主播。

1.4.1 不断充实，由小到大

每一个新人主播都希望可以早日从"小主播"成长为"大主播"，但是成为大主播的过程并不容易，它需要付出一定的时间和努力，不断地学习、提升自己的主播知识以及不断地提升、改善自己的直播风格，与时俱进。如图 1-23 所示，为从"小主播"到"大主播"的 3 大步骤。

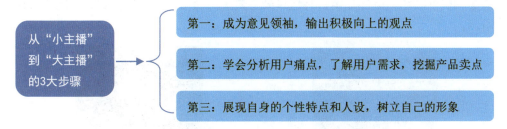

图 1-23 从"小主播"到"大主播"的 3 大步骤

1. 成为意见领袖，输出积极向上的观点

直播间主播的角色在某种程度上可以说是一个意见领袖。要想获得用户的追随和认可，就需要主播能正确、清晰地表达自己，控制整场直播间的节奏，让粉丝跟随自己的节奏走的能力。

主播通过一系列观念的输送，可以向粉丝传递一个信息，那就是我的产品价格合理、质量超群，并且从性价比的角度来看，它甚至是超值的。主播要用自己的意见、自己的观点去说服其他人，在用户的心里种下渴望购买的欲望种子。

另外主播在表达自己的同时，要时刻注意输出积极向上的观点，任何消极负能量的表达都不利于主播个人的发展和产品的推广。

2. 学会分析用户痛点，了解用户需求，挖掘产品卖点

主播要学会了解粉丝的年龄等个人情况，从而判断他们的关注点、分析他们的购物心理和动机。以服装销售为例，有些顾客因为便宜、划算、实惠进而选择购买；有些用户觉得布料舒适进而选择购买；有些用户觉得款式适合自己，可以显瘦，进而选择购买。了解用户的痛点需求以后，再挖掘产品的卖点，这样才能触动用户的心。

主播在直播间进行销售时，要想让自己销售的商品能有不错的成交率，就需

要了解用户的需求，使商品可以最大化地呈现出它的价值。如果在满足用户需求的对比中体现不出优势，那卖点也就不能称之为卖点了。

例如，某主播是一个蛋糕师傅，该主播在镜头面前直播制作雪花酥，并且直接在网上进行售卖，卖点就是手工制作、材料新鲜、制作过程全公开、干净卫生，如图1-24所示。

3. 展现自身的个性特点和人设，树立自己的形象

主播要想长久地走下去，成为一个专业的大主播，就要树立自己的专业形象，把最好的一面展现给粉丝。

例如，某抖音主播在直播间售卖樱桃，为了获得更好的直播效果，该主播身穿和樱桃颜色相近的马甲，并且耳朵上戴了一对樱桃样式的耳环，如图1-25所示。

图1-24　主播在直播间制作雪花酥

图1-25　主播根据直播内容打扮自己

1.4.2　算法机制，了解风口

在直播销售的中后期阶段，就会有一些商家根据直播间的各方面数据、主播风格等，选择一些合适的主播负责自家商品的推广以及销售工作，这也是主播和商家之间一种双向获益的合作。

商家付出一定的费用，借助主播的力量，提高商品的销量、加大商品曝光率，商品受众面也会得到扩大；而主播则有机会接触不同的商品类型、及时了解最新的商品款式，除此之外还可以获得一定的收入。例如，商家在联系淘宝主播时，

一般有以下两种途径，如图1-26所示。

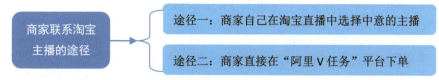

图1-26 商家联系淘宝主播的途径

1. 商家自己在淘宝直播中选择中意的主播

商家可以在主播的个人页面上点击头像，直接和主播联系。一般情况下商家会直接在对话框中说明他的意向，留下联系方式。主播可以在方便时回复信息，感觉比较合适的话，就可以沟通合作的费用问题。

另外，现在大部分主播会自己在宝贝列表中设置名为"商家合作联系主播"的栏目，商家可以通过点击该栏目，查看主播的联系方式。

2. 商家直接在"阿里Ｖ任务"平台下单

"阿里Ｖ任务"平台是阿里巴巴集团推出的内容服务平台，该平台主要解决有关商家和淘宝内容创作者的商业合作问题。

在进入阿里Ｖ任务平台后，商家在下单过程中只要选择直播这一栏，就可以通过阿里Ｖ任务平台和主播进行联系。如图1-27所示，为阿里Ｖ任务平台主页。

图1-27 阿里Ｖ任务平台主页

最后，主播们需要注意的一点是，不管通过哪种方式和商家联系，确定合作后都需要通过阿里 V 任务来下单，这样对双方来说都是一种安全保障。如果选择私下接单，被平台查实后，主播的权限会被封掉。

3. 商家和直播销售主播的合作方式

商家和主播之间的合作方式，大多采取底薪＋提成的形式，主播可以和商家制定好开播的时间、时长，以确定好底薪，以及约定好每一件商品卖出后的提成金额。

主播和商家应把这些约定在阿里 V 任务平台上写清楚。至于价格方面，平台不参与，商家和主播自行约定就可以。如图1-28所示，为商家和主播协商后填写的报价单。

图 1-28　阿里 V 任务中商家与主播的报价单

4. 变现的两种方式

网民通过进入直播间，对主播进行围观，并且根据直播间制定的方式，在线上和主播进行实时的交流、赠送虚拟的礼物来表达对主播的喜爱和支持，这其实也属于一种粉丝经济。主播要如何将用户变成粉丝、再将粉丝变成铁杆粉丝，再利用粉丝流量去变现呢？

粉丝团体给主播带来的收益，简而言之叫作"粉丝经济"，也可以叫作"网红经济"。主播传播视频内容，有粉丝围观和关注，进而产生社群效应，进行流量变现，主播也可以进行品牌推广，粉丝购买产品后，赋予主播商业价值。如何进行流量变现？有以下两种方式。

1）流量变现

现在社会上经常可以看见"自带流量""流量变现"这样的词汇，我们也常常可以听到直播行业、自媒体等行业说要获得流量抑或留住流量，可以看出"流量"这一名词一直是互联网的核心主题，那么究竟什么是"流量"呢？

在互联网上，流量代表的就是阅读量，例如主页的访问人数等。它的本质是"注意力"，获得流量其实就是能够吸引读者的注意力，只有这样，才能进行其他一系列的商业转化行动。商业变现是非常重要的点，也是大部分人都非常关心的，因为只有把商业价值变现，才能获得实实在在的经济效益。下面就介绍商业变现的4种途径：阿里V任务平台，反向招募商家；通过增加商品的植入，增加购买分成；进行冠名、植入；礼物收益，在直播时，喜欢主播的粉丝会送出各种礼物道具，此时主播一定要对粉丝表达感谢之情。主播可以通过活动来营造直播间的热度氛围，收获更多的粉丝礼物，同时还可以通过比赛排名，得到更多的礼物收入。

2）机构扶持

关于淘宝平台的机构扶持，首先需要明白的一点就是，无论是个人还是机构，在淘宝平台进行直播时，如果可以得到淘宝平台的扶持都是一个非常好的机会。

淘宝会为用户制定流量奖励机制、商家首先推荐机制，此外还采取免费在淘宝大学进行培训等一系列扶持措施，以帮助直播博主获得关注量，以及得到各种课程的培训，从而促进自身成长。

流量对于直播的作用非常重要，在直播中，不仅要保障稳定的商品货源，还需要拥有流量，就像为实体店铺挑选店址一样，最需要考虑的一个因素就是地理位置，这关系到店铺的人流量，在人流量大的地方，自然可以吸引到更多的注意力，销售转化率就会高一些。因此，在进入直播行业时，主播要选择一个有流量保证的平台作为自己的主要直播平台，这样做可以让自己处于一个较高的直播起点上。

1.4.3 专业能力，赢得信赖

不管从事什么工作，全能型的人才总是更有发展机会和发展空间，对于主播也是一样。如果可以成为一个全能型的主播，在直播行业里肯定会拥有更大的成长空间。

主播在直播的前期，主要是要做好积累、沉淀，建议最好一步一步慢慢来，打好根基，提升自己的专业能力。在产品介绍中可以从以下几个方面展示自己的专业能力。

1）介绍产品的功能卖点和价格卖点来提升自己专业度

主播自身的专业度与货品的转化率息息相关。对于商家提供的商品，主播更加需要了解商品的功能卖点和价格卖点。

功能卖点即产品的优势和特点。以售卖服装为例，主播需要了解衣服款式设计的优点和出色的设计部位。这种细节往往可以吸引消费者的目光,打动消费者的心,使他们产生购买欲望。比如,工装裤有锁链的设计、长袖衫有蓬蓬袖的设计彰显法式浪漫的风格等。

价格卖点则涵盖了商品的营销策略和价格优势等,因此,在直播之前做一些产品的准备工作是必需的,只有主播掌握了一些基础的服装知识和商品的信息,在直播间面对粉丝提出的问题时,才不至于无言以对。

例如,某主播在直播间售卖面膜,直播间右侧向用户展示了产品活动,用产品价格优势打动用户。例如,"满100元有15元的优惠券""纱布面膜第3件0元""单品满额129元,备注666送出水光保湿面膜10片"等。

另外,主播还可以举办一些活动,例如,主播在直播间倒数10个数,已经购买产品的用户,发送"柠檬酸",参与截屏活动。被主播截屏到的用户,免费送洗面奶,如图1-29所示。

图1-29　主播在直播间做活动

2)了解产品的相关知识,拓宽用户的眼界

要想激发用户的购买欲望,带货主播要特别了解产品以及与产品相关的内容。例如,主播在介绍一款衣服的时候,也要介绍该款式上衣适合搭配的颜色和款式,拓宽用户的思路和眼界。

比如,主播说这件衣服搭配蓝色的牛仔裤最好看,并试穿给用户看效果,而用户家里恰巧有这种颜色的牛仔裤,而没有这款上衣,那用户就更容易购买主播推荐的这款上衣。

再比如，某主播介绍黑色T恤，推荐大家穿一条短裤进行搭配，整体形成了一种嘻哈酷女孩的风格，如果用户家里没有短裤，用户就可能购买，如图1-30所示。

图1-30 主播通过搭配，吸引用户购买

3）产品试用讲解，显示自己的专业度

试穿或试用产品是主播在直播过程中必不可少的一个环节，这一环节非常考验主播的口才和讲解产品的能力。通过试用试穿产品，能够最大限度地展现产品的优势。

例如，主播在试穿服装时，能够营造良好的视觉风格效果。主播不仅应对服装的版型、服装的设计进行介绍，还要介绍自己上身试用的感觉，讲解产品的用处，激发用户的需求。又如，某抖音主播在售卖代餐的酸奶燕麦片时，一个主播讲解，一个主播试吃，主播吃得越香，就越吸引人，如图1-31所示。

主播在推荐榨汁机、三明治机等其他产品时也是一样，主播边试用边介绍，"家里有小孩子可以早上榨果汁、吃三明治""这款产品非常好用，几分钟就做好了一顿营养丰富的早餐""这个产品非常耐用，用户可以每天都自己做健康早餐"等。主播通过试用产品，突出产品的用处，可以激发用户的购买欲望。

4）展示产品的质量优势，显示自己的专业度

除了介绍产品别具一格的设计风格外，主播还要进行产品质量的展示。以服装销售为例，主播需要介绍衣服的面料、强调该服装的舒适度等。

主播可以在直播中强调产品优势，例如"衬衫不易起皱，不用费时打理""这

款裙子质地轻薄也不易走光"等，以展现衣服的实用性、耐用性。

图 1-31　主播通过试吃吸引用户

1.4.4　角色划分，掌握运营

随着直播商业化时代的到来，机构对于直播的玩法形成了一套自有的运营策略。通过范围划分，可以把直播里面的人物角色分为 4 种类型，如图 1-32 所示。主播要根据这 4 类角色，有针对性地制定运营策略、实施运营方针。

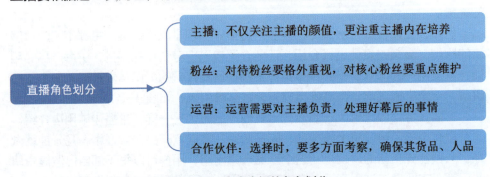

图 1-32　电商直播的角色划分

1.4.5　流量为王，数据运营

在"流量为王"的时代，目光所及之处，金钱必定也随之而来。主播需要了解实时的直播数据。比如，了解直播间当前观看人数、活跃粉丝数、当前销售额等，通过了解这些数据能够让主播更好地调整自己的状态。同时，主播也可以利用数据帮助自己吸引更多的用户。

例如，很多主播在直播带货时经常会说，"宝宝们快点抢啊，已经销售出两万件商品了，大家都在抢，不买就没有了，活动只有一次"等，用销售数据吸引用户下单购买。

主播为了能够更快地销售产品，一般会使用销售数据，营造出一种众人疯抢秒杀的情景。

例如，某主播在秒杀9.9元的小电风扇和39.9元5瓶的洗衣液时，主播拿起手机对着镜头，手机一直弹出弹幕，弹幕都是用户下单的通知。这种行为同样也可以刺激其他用户争抢购买的欲望，如图1-33所示。

图1-33　主播使用销售数据引导用户消费

第 2 章
个人选择，重中之重

学前提示

对于主播来说，有时候选择比努力更重要。在进行直播之前，如果做好了定位，并根据定位进行运营，就能更好地吸引忠实的受众。那么，如何做好精准定位呢？这一章笔者将会为大家讲述具体的方法和技巧。

要点展示

- 个人定位，关系重大
- 5 种维度，准确定位
- 细化定位，4 种方法

2.1 个人定位，关系重大

很多主播都会面临一个瓶颈期，由于平台的主播很多，外貌姣好的人数不胜数，因此竞争压力非常大。在直播行业里，很多主播都找不到自身的优势，导致直播的内容没有新意，用户关注量提不上去，主播的知名度低。

因此主播要想找到前方的路，就需要对自己有一个清醒的认识，做好自身定位，清楚哪些人会关注你，怎么做才能达到你的目的。

2.1.1 明确方向，勇往直前

在直播行业中，有才华、有背景、有特色的主播很多，人人都想月入百万，但是只有少数定位准确、内容优质的主播可以做到。没有好的定位，没有特殊才艺和独特个性，只播出很普通的东西，用户很容易忘记你。

很多主播之所以获得成功，就是因为他们有自己精准的定位，有自己的特色和看点。例如，"口红一哥"李佳琦就是将自己的直播定位为带货直播，因为他的账号直播内容大部分都是在卖货，所以需要购买产品的用户就会慕名而来。由此可以看出，准确的定位不仅能扩大直播自身的优势，还能为主播贴上一个标签，使用户主动找上门来。

因此，主播的个人定位和定位的选择尤其重要。每个主播都要找到适合自己的直播平台，选择适合自己的方向，给自己一个准确的定位，知道自己的优势和劣势，扬长避短，选择合适的内容进行直播，只有这样才能得到更好的发展。

选择合适的内容，是定位最重要的一步。如果主播对接触的领域并不熟悉，对这方面专业度不够，也会失去一部分用户。所以主播要选择自己擅长的领域，发挥自身的特长。那如何选择合适的内容，给自己进行精准定位呢？下面是在直播平台上比较火的几种直播类型，主播们可以根据自身的实际情况，选择适合自己的直播内容方向。

1）美食主播内容定位

美食主播可以从以下几种类型入手做好内容定位。

第一种是大胃王类型，例如，主播"安骚骚"经常在晚上做吃播，从吃得香和吃得多这两个方面吸引用户。如图2-1所示，为大胃王"安骚骚"的斗鱼直播页面。

现实生活中很多人是吃不了这么多的，因此就吸引了很多好奇的用户观看，看这个很瘦的小姑娘到底能吃多少，并且很多用户喜欢观看这种类型的吃播，因为其能够引起用户的食欲。

第二种是黑暗料理类型，通过混合不同种类的食物，制作常人不敢食用的黑暗料理，满足人们的猎奇心理。

图 2-1 "安骚骚"的斗鱼直播页面

第三种是寻找美食类型，由于很多用户对各地的美食怀有好奇和憧憬心理，所以美食内容定位就是到各地旅行找寻美食。

第四种是制作昂贵的美食，美食内容定位是采用高端稀有的美食材料，制作高端昂贵的美食。

第五种是乡野美食，利用天然的材料，在户外制作美食。例如，抖音某主播在河边制作烤羊腿，如图 2-2 所示。

图 2-2 抖音某主播在河边制作烤羊腿

当主播将自己的账号定位为美食类直播时，直播内容的重心就要放到美食上，直播的内容可以是做美食和吃美食。例如，虎牙的美食主播在户外制作"竹筒粉丝虾"，一场直播的观看人次就超过 52 万，如图 2-3 所示。

图 2-3 原生态美食"竹筒粉丝虾"

2）游戏主播内容定位

游戏主播需要做好以下两个方面，第一，要擅长某一款游戏，比如：英雄联盟、王者荣耀绝地求生、王者模拟战、逃离塔科夫等。用户对游戏主播打游戏的技术有一定的要求，打游戏不够擅长，也就不能够吸引喜欢玩游戏的用户了。

第二，游戏解说风格要鲜明，解说方式有很多，可以使用方言与用户对话，也可以犀利吐槽、诙谐玩梗、说段子等。

3）颜值主播内容定位

颜值主播需要明确穿衣风格、个人风格、语言风格。选择好这 3 点，就能塑造一个颜值主播的形象。

例如，选择穿衣风格，一个人的穿着要显示这个人的性格，主播穿一身小西装、涂一个红唇就能显示出女主播的成熟性感。主播穿一个甜美小裙子，就能显示出主播的少女感。主播穿嘻哈风格的衣服，显得又帅又酷等。一个形象就变成一个让用户记忆深刻的标签。选择好穿衣风格以后，主播就要培养自己的个人风格，大致有以下 6 种鲜明的个人风格。

第一种：温婉风格。恬静、古典、恬谧、淑雅、清丽、高雅。

第二种：高冷风格。冷酷、出位、叛逆、不惧、别致个性、标新立异。

第三种：少女风格。可爱、青春、萝莉、二次元、文艺清新、青春、活力、洒脱、可爱、身材娇小、五官甜美稚气。

第四种：大姐大风格。气场强、霸气、自信。

第五种：知性风格。端庄、典雅、高贵、严谨。
第六种：欧美风格。奔放、潇洒。

主播应根据自己的穿衣风格和个人风格来改变自己的语言风格。有少女感的女主播语言风格是温柔的，可以用萝莉音与粉丝交流。大姐大风格的主播语言风格可以是搞笑的、幽默的、直白的等。

颜值主播在对自己的个人风格和穿衣风格进行明确的定位之后，就可以根据自己人设的定位，发挥自己的特色，根据风格改变主播的穿衣、声调、发型、妆容，使观众一眼就记住你。

4）户外主播内容定位

许多人生活在快节奏的城市中，他们面临着各种生活压力、工作压力，所以很多人向往着乡村宁静自然的生活方式，即便是打鱼、摸虾等常见的农村生活内容，他们也非常感兴趣。户外主播可以根据这一群体的需求，策划直播内容。户外主播可以采用简单的原材料在户外制作美食，也可以在野外露营、在户外画画、户外徒步等。例如，该主播名叫"徒步小伙&蒙哥"因在西藏徒步旅行，受到了用户的关注，如图 2-4 所示。

图 2-4　抖音某主播在西藏徒步

5）人设演绎直播内容定位

人设演绎在近几年都是非常火的一种类型。例如，直播账号"逗斗剧场"在直播过程中，通过人设扮演进行小短剧的演绎。

该主播有一期的直播内容是：高考前，孩子在被窝里认真地看书，爸爸非常生气，爸爸严厉地督促孩子马上去"学习"抖音里的舞蹈，抖音涨粉以后，才可以背 15 个单词。孩子委屈地表示，自己好想背单词，好想看书。在小短剧中，爸爸和孩子把"学习"和"游戏"进行了互换，制造笑点，引发用户的讨论。

6）带货主播内容定位

带货主播要想知道自己擅长的方向，就要了解自己对哪一种类的产品比较感兴趣，并从中选择自己最擅长的一种作为主要的带货产品，重点做好这种类型的产品，以此来吸引用户，使用户一提到该主播就想起该主播的带货产品。

例如，淘宝主播用户"Fashion 美美哒"，从账户名字，我们可以看出主播主要的带货产品与潮流搭配和彩妆相关。主播薇娅以前的直播同样是将重心放在服装上，名气逐渐变大以后，才逐渐开始涉及其他类型的产品。

7）教育主播内容定位

教育类主播的专业性更强。因此，应多在直播中讲一些专业领域的知识。例如，在线教育课堂"学而思网"，讲述历史的"易中天品三国"等。

2.1.2 凸显优势，与众不同

一个好的定位能够凸显自身的优势，使自己发光发亮。主播要先找到自己喜欢的类别，找到自己与众不同的优势。最好是根据自己的实际情况进行挑选，这样才能获得较好的传播效果，如果选择的内容不是自己的优势和兴趣所在，很大可能达不到很好的直播目的，主播的直播内容会越来越乏味。

直播平台的主播数不胜数，那如何使自己从中脱颖而出呢？在此过程中，找到自身优势进行定位很重要，一个好的定位能够帮助主播凸显自身优势。

颜值主播在直播平台中非常多，而一米五的冯提莫却火了起来。现在，冯提莫已经不单单是一个优秀的主播，还是一个优秀的歌手，参加了很多歌唱的节目。

颜值主播都有姣好的颜值、火辣的身材，冯提莫是如何从颜值主播中脱颖而出的呢？这主要是因为她在直播过程中找到了自己的优势，并结合自身的优势进行了精准的定位。

最初冯提莫在斗鱼平台上只是一个小游戏主播，因为打游戏的时候经常喜欢哼歌，后来她选择从游戏主播转型成颜值主播，直播的主要内容就是给用户唱歌。

冯提莫通过在直播间翻唱《刚好遇见你》《凉凉》《沙漠骆驼》等歌曲而名声大噪，受到越来越多的人的关注。她用甜美的形象、优美的歌声作为自己的优势，使自己发光发亮起来。

又如，在斗鱼直播非常火的游戏主播"旭旭宝宝"，通过直播游戏《地下城与勇士》而受到众多游戏爱好者的关注，从而获得了超高的人气。如图 2-5 所示，为"旭旭宝宝"的《地下城与勇士》直播页面。

图 2-5 "旭旭宝宝"的《地下城与勇士》直播

2.1.3 方便策划，内容吸引

好的定位能帮助主播塑造自我形象、找到自己直播的方向，从而更好地策划直播的内容。根据定位，我们可以了解到自己的优势、了解自己与其他同类账号的不同之处。根据定位学习同类主播的优势，便于主播更好地了解市场、了解自己的形象特色。无论是什么类型的内容，都会有一定的用户群体。一个好的定位能够帮助主播更好地策划内容，吸引相关的用户。

例如，YY 直播平台上有一位名为"鑫垚画家"的主播，他的定位为户外画家，如图 2-6 所示，为主播在户外作画页面。

图 2-6 户外主播作画

直播的主要内容全部都是主播在户外作画,吸引的都是一些喜欢画画的用户,该主播就是将"画画"和"户外"作为自己的定位的,而根据这个定位策划内容文案,就很简单了。

2.2　5种维度,准确定位

在开始直播的时候,必须做好账号定位。账号定位,简单的理解就是确定账号的运营方向,具体可细分为行业定位、内容定位、产品定位、用户定位和人设定位这5个部分。可以说,只要账号定位准确,主播就能把握住账号的发展方向。

2.2.1　行业维度,确定领域

行业定位就是确定账号分享的内容。通常来说,主播在做行业定位时,只需选择自己擅长的领域即可。当然,有时候某个行业包含的内容比较广泛,且直播上做该内容的主播也比较多了,此时,主播便可以将此领域进行细分,侧重从某个细分领域打造账号内容。

例如,一名叫"张大仙"的主播,《王者荣耀》这款游戏玩得非常好。最初"张大仙"并没有很大的名气,后来他成功地凭借《王者荣耀》的露娜,用"月下无限连"这种高技术的大招吸引了很多粉丝,最后成为一名小有名气的主播,粉丝保持千万以上。如图2-7所示,为"张大仙"的《王者荣耀》直播页面。

图2-7　"张大仙"的《王者荣耀》直播

比如,做美妆产品的主播比较多,这时候我们就可以通过对美妆产品领域细分从某方面进行重点突破。这个方面具有代表性的当属李佳琦了,这位号称"口红一哥"的美妆博主便是通过直播带货、分享口红相关的内容来吸引对口红感兴趣的人群的关注。

2.2.2 内容维度，优质账号

直播定位就是确定账号的内容方向，并据此进行内容的生产。通常来说，直播运营者在做内容定位时，只需结合账号定位确定需要发布的内容即可。例如，颜值主播唱歌跳舞等。

主播在确定了账号的内容方向之后，便可以根据该方向进行内容的生产了。当然，直播的内容生产也是有技巧的，具体来说，主播在生产直播内容时，可以运用以下技巧，轻松打造持续性的优质内容，如图2-8所示。

图2-8 生产直播内容的技巧

2.2.3 用户维度，了解受众

在直播过程中，如果能够明确观看自己直播的人群，做好用户定位，并针对主要的群体进行宣传，那么，直播生产的内容将更具有针对性，从而对主要群体产生更强的吸引力。

在做用户定位时，主播可以从性别、年龄、地域分布和星座分布等方面分析目标用户，观看直播人群的画像和人气特征，并在此基础上更好地制定出针对性的运营策略和精准营销。

例如，看课堂教育直播的大多是18岁以下的学生，看颜值主播的大多在18~30岁之间大学生或者已从业人员。在直播过程中，了解粉丝的年龄、爱好，便于主播找到方向，了解粉丝需求。

2.2.4 产品维度，推广变现

大部分主播要做直播，就是希望能够借此变现，获得一定的收益。通过推销产品获得提成，或者通过打广告获得收益。其中产品销售又是比较重要的一种变现方式，因此，选择合适的变现产品，进行产品的定位就显得尤为重要了。

那么，具体来说如何进行产品定位呢？在主播看来，主播要对自己自身的情况进行产品定位，可以分为两种：一种是根据自身拥有的产品进行定位，另一种是根据自身业务范围进行定位。

根据自身拥有的产品进行定位很好理解，就是看自己有哪些产品是可以销售的，然后将这些产品作为销售的对象进行营销。

例如，某淘宝主播就是根据自身产品进行定位，主播拥有的产品全部都是"美康粉黛"品牌的化妆品。"粉黛"两个字凸显了产品的类别，她不仅将账号命名为"美康粉黛旗舰店"，而且还通过自身试验对产品进行试用和介绍，并为用户提供了化妆品的购买链接，吸引用户购买，如图2-9所示。

图2-9　根据自身拥有的产品进行定位

根据自身业务范围进行定位，就是在自身的业务范围内进行直播。例如，某些主播擅长做服装产品的直播、某些主播擅长做化妆品产品的直播等，主播要选对主播间销售的产品，推广一些自己了解的产品，会取得更好的结果。

根据内容插入对应的商品链接。这种定位方式对销售产品有一定的帮助。通过淘宝直播，主播便可以借助该商品的链接获得佣金收入。

2.2.5　人设维度，吸引眼球

人设，是人物设定的简称。所谓人物设定，就是主播通过视频打造的人物形象和个性特征。通常来说，成功的人设能在粉丝心中留下深刻的印象。让粉丝在进入直播平台时，能够通过某几个标签快速地想到你。设计人设通常通过人物造型、身材比例、服装设计、眼神表情等方面凸显人物个性。

"人设",可以迎合受众的移情心理,从而增强受众群体对其人设的认同感,这样才可以让用户愿意去了解、关注主播,所以在设定人设形象时,确定好人设的类型是关键。

现在市场上出现了各种各类的人设标签类型,一些经典的人设类型有女王、冷面、萌妹子、天然呆、天然萌等。通过依靠设定好的人物性格、特征,也就是"卖人设",可以迅速地吸粉,吸引更多的潜在用户来关注你。毕竟粉丝能贡献一定的购买力,通过塑造出迎合大众喜欢的人设,把自己的人设形象维持住,就能带来一定的收益。

直播平台上经常会有穿着二次元衣服的主播,他们就是通过扮演不同动漫角色,凸显角色的个性,给人留下深刻的印象。

例如,斗鱼主播"DBD小野吖"用搞笑风格吸引观众,主播的人设是搞笑逗趣。在造型上,小野主播把自己的脸涂成一个小丑,用外在的形象贴合自己的人设。

主播的直播内容贴近生活,表达又比较幽默搞笑,因此,该账号发布的内容,通常会快速吸引大量直播用户。如图 2-10 所示,为小野拯救不开心直播页面。

图 2-10 小野拯救不开心的直播

人物设定的关键就在于为视频中的人物贴上标签。那么,如何才能快速地为视频中的人物贴上标签呢?例如,主播"浪胃仙"为了凸显自身"大胃王"这个标签,经常会发布一些去各个店铺中吃东西的抖音视频,在直播中也不改能吃的特点。如图 2-11 所示,为"浪胃仙"与杨迪携手直播页面。

直播中的他明明已经吃了很多,看上去却像是还没有吃饱似的,看到这种视频之后,许多用户会不禁惊呼:不愧是大胃王!这样一来,浪胃仙的人物标签便凸显出来了。

图 2-11 "浪胃仙"与杨迪携手直播

人设的传播最直接的体现就在于他人对于某人设的反馈情况,所以主播可以通过身边的工作人员和朋友,了解他们对自身"人设"的反应。这样主播可以及时地对自身人设进行一些合理的改进和调整,尤其是可以与时俱进地更新人设形象,使它更加符合大众想看到的模样。

树立自己的人设,其中一种比较有效的方式,就是时时刻刻呈现人物符合标签特征的一面。

2.3 细化定位,4种方法

主播定位就是为直播内容确定一个方向,那么,如何进行直播定位呢?笔者认为大家可以从4个方面进行思考,这一节就分别进行解读。

2.3.1 根据专长,与众不同

对于拥有自身专长的主播来说,根据自身专长做定位是一种最直接和有效的定位方法。主播要对自己进行分析,了解自己的兴趣和专长,然后,选择某个或某几个专长,进行账号定位即可。

例如,"徐大sao"是一个美食主播,主播的特长就是做家常菜,直播内容就是做一些平常人学得会的家常菜,并且将自己的做菜步骤展示给粉丝。如图2-12所示,为"徐大sao"的美食直播页面。

又如,擅长舞蹈的主播"路小雨"拥有曼妙的舞姿,跳舞的特长使主播积累了大量的粉丝。在这个账号中,"路小雨"经常为粉丝唱歌跳舞。

主播自身专长包含的范围很广,除了唱歌、跳舞等才艺之外,还包括其他诸多方面,就连游戏玩得出色也是自身的一种专长。例如,游戏主播"PDD",因为游戏打得好,语言逗趣,受到很多粉丝的关注。如图2-13所示,为其直播游戏的画面。

图 2-12 "徐大 sao"的美食直播

图 2-13 PDD 直播游戏的画面

由此不难看出，只要主播拥有一项专长，该专长的相关内容又是比较受关注的，那么，将该专长作为账号的定位，便是一种不错的定位方法。

2.3.2 根据需求，迎合用户

需求是在一定时期内人们的某种需要或者欲望，通常来说，用户对有需求的内容会更加关注。主播需要了解用户需求，满足用户需求。因此，主播结合用户的需求和自身专长进行定位也是一种不错的定位方法。

每个人都离不开一日三餐，甚至许多人在与人交流的时候，也经常会问"你吃了吗？""吃了什么？"不光是热爱美食或者一些家庭主妇有看美食制作的需求，一般人也会有观看美食直播的欲望。

人们通常会从平台上中寻找有趣的主播，观看一些新菜品的制作方法。因此，如果主播自身就是厨师，会做的菜品比较多，又特别喜欢制作美食，那么，将账号定位为美食制作分享账号就是一种很好的定位方法。

例如，"威海高哥"就是一个定位为美食制作分享的直播账号。在该账号中，主播会通过视频将一道道菜品从选材到制作的过程进行全面呈现，如图2-14所示。因为在直播过程中将美食的制作过程进行了比较详细地展示，再加上许多菜品都是主播亲自制作的，所以其直播有很多人观看。

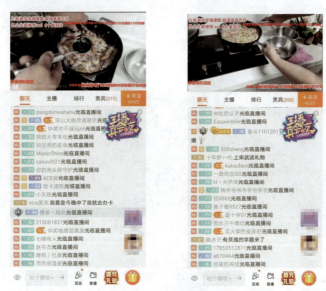

图2-14　威海高哥的直播

2.3.3　稀缺内容，另辟蹊径

在这个信息过剩的时代，主播可以从稀缺内容方面做定位，例如，手工、母婴等方面。这些内容在直播平台中相对比较少，内容比较稀缺，潜在的用户数量大。

例如，李子柒的直播大火的原因是因为像这种全部动手制作食材或者工具的直播号本身就很少，再加上移动网络的发展，人们的生活越来越忙碌，很多人没有在乡下生活过，所以对这样的内容就产生了好奇心。如图2-15所示，为李子柒的直播页面。

图 2-15 李子柒的农家生活

2.3.4 根据特色，形成风格

一个优秀的品牌其经济价值是无形的，当我们提到"香奈儿"这个品牌时，我们就能感受到这个品牌精致、极简、高贵、优雅的风格。

"香奈儿"最初设计的衣服风格就是极简大方，是创始人"香奈儿"为了让当时那个时代的女性在穿衣方面像男性一样更加简单、更加自由而创立起的服装店。逐渐地，"香奈儿"这个品牌深入民众的心。根据品牌特色做定位，通常会比较容易获得用户的认同。根据品牌特色做定位又可以细分为以下两种方法。

（1）以能够代表企业的名字做账号定位。

（2）以企业或品牌的业务范围做账号定位。

主播在介绍产品时要体现产品的特色，注重品牌质量方面的展现。找到产品的卖点，扩大品牌的影响力。

例如，淘宝店家"小谷粒女装"以品牌的名字做定位，将账号名称定为"XX女装"，让用户一看就知道这是销售女装的店铺，使用户对其直播的业务范围也能有一个大致的印象。

又如，格力官方旗舰店则是一个以业务范围做账号定位。如图 2-16 所示，为格力旗舰店直播页面。格力的产品主要是空调、冰箱、洗衣机、热水器等，格力品牌倡导中国制造，因企业对产品质量有着超高的标准而被用户信赖。如

图 2-17 所示，为格力旗舰店的产品栏。

主播在讲解产品时，可以讲述品牌的成长经历、品牌的信念口号、该品牌产品与其他同类产品的特色和优势，从这几个方面使用户对品牌产生信赖感。

图 2-16　格力旗舰店直播　　图 2-17　格力旗舰店直播的产品栏

第 3 章

专业态度,提升素养

学前提示

做一个主播并不难,但要做一个好主播,拥有稳定的粉丝群体,却并不容易。如何做一个好主播?主播的基本素养有哪些?

本章的内容为大家讲解一个优秀的主播应该具备哪些能力。

要点展示

- 专业素质,提升自己
- 语言能力,不惧沟通
- 幽默技巧,慢慢积累
- 机智巧妙,应对问题
- 心理素质,不断增强

3.1 专业素质，提升自己

想要成为一名具有超高人气的主播，必不可少的就是专业能力。在竞争日益激烈的直播行业，主播只有培育好自身的专业能力，才能在直播这片肥沃的土壤上扎根。

3.1.1 才艺满满，耳目一新

主播应该具备各种各样的才艺，让观众可以观看欣赏。才艺的范围十分广泛，包括唱歌跳舞、乐器表演、书法绘画、游戏竞技等。

只要你的才艺让用户觉得耳目一新，能够引起他们的兴趣，并为你的才艺一掷千金，你的才艺就是成功的。在各大直播平台上，有不计其数的主播，每个主播都拥有自己独有的才艺。如图3-1所示，为主播在做游戏直播页面。无论是什么才艺，只要是积极且充满正能量的，能够展示自己的个性的，就能为主播吸引人气。

图3-1 才艺展示游戏直播

带货主播要培养自己的专业能力，比如，用户沟通的话术，产品的性能、特点、优势，肢体语言的表达等技巧。

3.1.2 言之有物，绝不空谈

一个主播要想得到用户的认可和追随，那么他一定要有清晰且正确的三观，这样说出来的话才会让用户信服。如果主播的观点既没有内涵，又没有深度，用户就不会长久地关注他。那么，主播应该如何做到言之有物呢？

首先，主播应树立正确的价值观，始终保持自己的本心，不空谈。前知名足球评论员、哔哩哔哩主播"董路"，经常弹着一把吉他开始进行直播，如图3-2所示。在某场直播中，"董路"调侃互联网低素质球迷，直播间的他用真实不造作的风格获得了粉丝的好评，如图3-3所示。

图3-2 "董路"弹吉他开始直播　　图3-3 "董路"调侃低素质球迷

其次，还要掌握相应的语言技巧。主播在进行直播时，应具备的语言技巧，如图3-4所示。主播要想言之有物，就要在自己的专业领域有自己专属的观点，不人云亦云，给用户积极的引导。

```
                        ┌── 对粉丝要有亲切的问候语
主播应具备的语言技巧 ────┼── 试用通俗化的语言，言简意赅
                        └── 结合当下流行的热点词汇
```

图3-4 主播应具备的语言技巧

3.1.3 精专一行，稳扎稳打

俗话说："三百六十行，行行出状元。"作为一名主播，想要成为直播界的状元，最基本的就是要拥有一门最擅长的技能。

一个主播的主打特色就是由他的特长支撑起来的。比如，有人游戏水平很高，因而他专门做游戏直播；有人是舞蹈专业出身，对舞蹈又十分热爱，于是她在直播中展示自己曼妙的舞姿；有人天生有一副好嗓子，于是他在直播中与人分享自己的歌声。如图 3-5 所示，为一名主播在直播间练习书法。只要展示自己优于常人的特长就可以为自己吸引到粉丝。

图 3-5　主播在直播间练习书法

主播不必样样精通，只要精通一门专业技能，行为谈吐接地气，那么月收入上万元也就不是什么难事了。当然，主播还要在直播之前做足功课，只有做好充分的准备，才能将直播有条不紊地进行下去，最终获得良好的效果。

3.1.4　挖掘痛点，满足需求

在主播培养专业能力的道路上，有一点极其重要，即聚焦用户的痛点、痒点。主播要学会在直播的过程中寻找用户最关心的问题和感兴趣的点，从而更有针对性地为用户带来有价值的内容。

挖掘用户的痛点是一个长期的工作，主播在寻找的过程中，必须注意以下 3 个事项。

- 对自身能力和特点有充分的了解，认识到自己的优缺点。
- 对其他主播的能力和特点有所了解，对比他人，从而学习他人的长处。
- 对用户心理有充分的解读，了解用户需求，然后创造相应的内容来满足需求。

主播在创作内容的时候，要抓住用户的主要痛点，以这些痛点为标题，吸引用户关注，并弥补用户在社会生活中的各种心理落差，让其在直播中获得心理的满足。

用户的痛点可以从以下几个方面进行挖掘：安全感、价值感、自我满足感、亲情、爱情、支配感、归属感。

3.1.5 勤奋刻苦，贵在坚持

很多主播在初入直播行业的时候，并不是很赚钱，也没有很多粉丝，如果背后有经纪公司进行推广，可能收入会高一点。没有经纪公司推广的主播需要持之以恒，不断地积累粉丝，才会越来越好。

主播的直播时间不固定或者在直播过程中随意下播、经常更换开播时间，会导致粉丝们在以往的时间点来平台却没有看到主播的直播间开播，并因此而点击其他直播间。

主播自己也会因为懒散而失去成功的机会，所以，随意更换直播的时间，会导致之前的粉丝无法再协调自己的观看时间，很可能之后就不再观看这个直播间了。

3.2 语言能力，不惧沟通

一个优秀的主播没有良好的语言组织能力就如同一名优秀的击剑运动员没有一把好剑，是万万行不通的。

想要拥有过人的语言能力，让用户舍不得错过直播的每一分每一秒，就必须从多个方面来培养。本节将告诉大家如何用语言赢得用户的关注和支持。

3.2.1 注意思考，亲切沟通

在直播的过程中，与粉丝的互动是不可或缺的，那么聊天也不可口无遮拦，主播要学会三思而后言，切记不要太过鲁莽，心直口快，以免对粉丝造成伤害或者引起粉丝的不悦。

此外，主播还应避免说一些不利于网友形象的话，不仅要让粉丝觉得你平易近人、接地气，还要学会与用户保持一定的距离，玩笑不能开大了。

那么，主播应该从哪些方面进行思考呢？笔者作了几点总结，如图3-6所示。

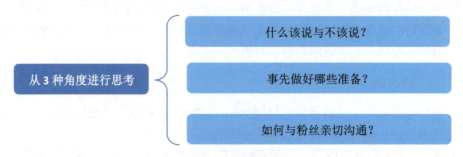

图3-6　3种角度进行思考

3.2.2 选择时机，事半功倍

良好的语言能力需要主播挑对说话的时机。每一个主播在表达自己的见解之前，都必须把握好用户的心理状态。比如，此时此刻，对方是否愿意接受这个信息？是否有意向购买？抓住用户心动的时机进行推荐。

如果主播丝毫不顾及用户心理，用户并无需求，主播依旧极力推销，会让用户感觉到厌烦。因此不懂把握说话的时机、把握需求，那么只会事倍功半，甚至做无用功。选择好的时机，让粉丝接受你的意见。

如果一个电商主播，在向用户推销自己的产品，并承诺给用户折扣，往往用户看到打折促销和折扣，就会观看直播。主播在直播的过程中要不断地抓住用户的痛点，激发用户的需求。

例如：淘宝主播"七-月"在直播间推荐权志龙同款鞋99包邮，如图3-7所示。主播在直播中做活动，关注主播可以领取30元优惠券，如图3-8所示。

图3-7　权志龙同款鞋99包邮　　图3-8　关注主播立减30元活动

粉丝有任何问题，主播都应该在第一时间耐心回答，把握时机适度推销。总之，把握好时机是培养主播语言能力的重要因素之一，只有选对时机，才能让用户接受你的意见，对你讲的内容感兴趣。

3.2.3 懂得倾听，做好互动

懂得倾听是一个人最美好的品质之一，同时也是主播必须具备的素质。主播除了要会和粉丝聊天外，还要懂得用心聆听用户的想法。

例如，知名游戏主播"UZI"听取粉丝的意见苦练"霞"这个英雄。主播"UZI"

很少使用这个英雄，主播本人也不是很擅长，但是粉丝觉得其他很多队伍都用过这个英雄，就在评论下说，希望主播练一练。主播"UZI"虽然不擅长这个英雄，但是他还是参考了粉丝的意见，苦练技术。

在实际练习过程中，主播"UZI"的成绩并不是很好，并且出现了罕见的六连败。但是最后"UZI"在对阵"NB"的比赛中，通过"霞"这个英雄，主播取得了很好的成绩，粉丝们都特别开心，主播也因此获得了无数粉丝的好评。由此我们看到，学会倾听粉丝的声音，也是一种联系粉丝的极好方法。

主播倾听用户的评论是非常有必要的，主播需要针对性地回答用户所提出的问题，让用户放心。例如，主播在介绍产品的同时，还要回答粉丝的提问，粉丝问主播，"98号身高155能穿吗""95号链接看一下""主播裤子穿的是多大的"等，如图3-9所示。

图 3-9 主播回答粉丝的问题

专家提醒

在主播和用户交流沟通的互动过程中，虽然表面上看起来是主播占主导，但实际上是以用户为主。主播想要把握用户需求，就需要认真倾听用户的心声和反馈。

3.2.4 沟通竞赛，莫分高低

主播和粉丝交流沟通时要谦和一些，友好一些。聊天不是辩论比赛，没必要分出个你高我低，更没有必要因为某句话或某个字眼而争论不休。

如果一个主播想以纠正粉丝的错误为借口，通过与粉丝争吵来证明自己是对的，那么这个主播无疑是失败的。因为他忽略了最重要的一点，那就是直播平台是主播与用户聊天谈心的地方，不是辩论赛场，也不是相互攻击之处。

主播是需要粉丝的人气支撑的，如果败坏了口碑，失去了路人缘，对于主播来说是一种很大的损失。主播在与用户沟通时的诀窍，笔者总结为3点，如图3-10所示。

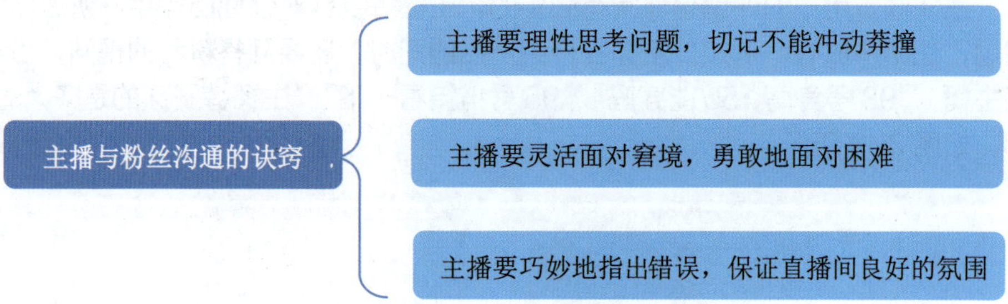

```
                        ┌─ 主播要理性思考问题，切记不能冲动莽撞
                        │
主播与粉丝沟通的诀窍 ───┼─ 主播要灵活面对窘境，勇敢地面对困难
                        │
                        └─ 主播要巧妙地指出错误，保证直播间良好的氛围
```

图 3-10 主播与粉丝沟通的诀窍

语言能力优秀与否，与主播的个人素质也是分不开的。因此，在直播时，主播不仅要着力于提升自身的语言能力，同时也要全方面地认识自身的缺点与不足，从而更好地为用户提供服务，成长为高人气的专业主播。

3.2.5 公平公正，理性对待

在直播中会遇到个别粉丝爱挑刺儿、负能量爆棚又喜欢怨天尤人，这个时候，就是考验主播的语言能力的关键时刻了。

脾气急躁的主播，可能会按捺不住心中那一时的不满与怒火，将矛头指向粉丝，并给予其不恰当的人身攻击，这种行为是相当愚蠢的。

一名获得成功的主播，一定有他的过人之处。对粉丝的宽容大度和正确引导是主播培养语言能力所必不可少的因素之一。当然，明确的价值观也为主播的语言内容增添了不少光彩。

作为一名心思细腻、七窍玲珑的主播，应该懂得理性地对待粉丝的消极行为和言论。那么，主要是从哪几个方面去做呢？笔者总结为3大点，具体内容如图3-11所示。

对待爱挑刺儿的用户，主播不能一时冲动去和用户争论，导致直播间的氛围变得负面消极，主播不能忘记这场直播的主要内容，如果是带货直播就要专注于产品，如果是游戏直播就专注于游戏。

```
                    ┌─ 对粉丝进行善意的提醒
理性对待粉丝 ───────┼─ 明确告诉粉丝不对之处
言论的技巧          └─ 不增加偏见，对事不对人
```

图 3-11　理性对待粉丝言论的技巧

3.3　幽默技巧，慢慢积累

在这个人人"看脸"的时代，颜值虽然已经成为直播界的一大风向标，但想要成为直播界的大咖级人物，光靠脸和身材还是远远不够的。

有人说，语言的最高境界就是幽默。的确，一个拥有幽默口才的人会让人感到有趣，在某些场合适当的幽默还能折射出一个人的内涵和修养。所以，一个专业主播的养成，也必然少不了幽默技巧。

3.3.1　收集素材，培养幽默

善于利用幽默技巧，是一个专业主播的成长必修课。生活离不开幽默，就好像鱼儿离不开水，呼吸离不开空气。学习幽默技巧的第一件事情就是收集幽默素材。

主播要凭借从各类喜剧中收集来的幽默素材，全力培养自己的幽默感，学会把故事讲得生动有趣，让用户忍俊不禁。用户是喜欢听故事的，而故事中穿插幽默则会让用户更加全神贯注，全身心都投入到主播的讲述之中。

如图 3-12 所示，为 YY 直播的人气搞笑主播"雷子"的直播页面。他是由二人转演员转行做主播，幽默风格特别明显，也给粉丝带来了很多欢声笑语。

图 3-12　"雷子"的 YY 直播

专家提醒

例如，生活中很多幽默故事就是由喜剧的片段和情节改编而来的。幽默也是一种艺术，艺术来源于生活而高于生活，幽默也是如此。在娱乐性很强的直播平台，用户喜爱的主播就是能够使用户开心的主播。

3.3.2 抓住矛盾，摩擦火花

当一名主播有了一定的阅历，对自己的粉丝也比较熟悉，知道对方喜欢什么或者讨厌什么时，那么就可以适当地"损粉丝"，以获得幽默的效果。

比方说，粉丝说自己讨厌公司的食堂，认为那里的饭菜实在难以下咽，那么主播就可以这样说"那天我买了个包子，吃完之后从嘴里拽出了两米长的菜叶子"等。这个事件的关键词就是"饭难吃"，主播就要说一些类似的事情，抓住粉丝的眼球，让粉丝产生同感。主播抓住事物的主要矛盾，这样才能摩擦出不一样的火花。

那么，主播在抓住矛盾、培养幽默技巧的时候，应该遵守哪些原则呢？笔者总结为6大点。

（1）积极乐观。

（2）与人为善。

（3）平等待人。

（4）宽容大度。

（5）委婉含蓄。

（6）把握分寸。

总之，主播在提升自身的幽默技巧时也不能忘了应该遵循的相关原则，这样才能更好地引导用户，给用户带来高质量的直播内容。

例如，在抖音上有一个销售牛皮鞋的主播，主播内容非常有趣，当用户问道："鞋子真的是牛皮吗？"主播正是抓住了很多用户对产品不信任这个关键点，用幽默的方式化解了用户心中的矛盾。

主播非常激动地说："只做头层皮，价格压最低，可以录音，买回去假一罚十，今天你买，明天就没有这个价格了，如果明天还有这个价格，钱我不要了，我免费把鞋送给你，真牛皮都是非常软的料子，别人说我是因为胖，力气大所以显得鞋子软，不是的！鞋子不软我就把鞋子吃掉，别害怕购买，这质量没毛病！"边说还边向用户展示鞋子的软硬层度和外观，如图3-13所示。

主播准确地抓住了用户提问中的矛盾，用幽默的段子和开玩笑的方式，让用户相信产品的质量，进而下单购买。

图 3-13 主播抓住用户心中的矛盾，幽默推销产品

3.3.3 自我嘲讽，效果甚佳

讽刺是幽默的一种形式，相声就是一种讽刺与幽默相结合的艺术。讽刺和幽默是分不开的，要想学会幽默技巧，就得学会巧妙地讽刺的技巧。

最好的讽刺方法就是自黑，这样的话既能逗粉丝开心，又不会伤了和气。因为粉丝不是亲密的朋友，如果对其进行讽刺或吐槽，很容易引起他们的反感和愤怒。

在很多直播中，主播也会通过这种自我嘲讽的方式将自己"平民化"，以此拉近自己与粉丝之间的距离。比如，斗鱼一位女主播"腐团儿"家庭优渥，又有众多粉丝，但是她经常进行自黑，说自己是"单身狗"，逗观众开心。如图 3-14 所示，为腐团儿的直播间。

图 3-14 "腐团儿"的直播间

自我嘲讽这种方法只要运用恰当，获得的效果还是相当不错的。当然，主播也要把心态放正，将自黑看成是一种娱乐方式，不要太过于认真。

3.3.4 幽默段子，天下无敌

"段子"本身是相声表演中的一个艺术术语。随着时代的变化，它的含义不断拓展，也多了一些"红段子、冷段子、黑段子"的独特内涵，近几年频繁地活跃在互联网的各大社交平台上。

而幽默段子作为最受人们欢迎的幽默方式之一，也得到了广泛的传播和发扬。微博、综艺节目、朋友圈里将幽默段子运用得出神入化的人比比皆是，这样的幽默方式也赢得了众多粉丝的追捧。

例如，有"央视段子手""手语老师的噩梦"之称的朱广权，无论何时都离不开既幽默又押韵的段子。在播报冷空气时，朱广权也会写一个多穿秋裤的段子。

朱广权的段子："寒潮裹挟着冷风，瞬即让你急速冷冻，连跳带蹦，0℃的冰点线已经南压东移，就像青春抵挡不住发际线。东北-30℃冷到窒息，好像在年底冲业绩。华北地区持续降温，还好有暖气护体。长三角地区湿冷入骨，只能心疼地抱紧自己。朱广权提醒你：出门别忘毛裤棉裤棉毛裤。"

例如，"李佳琦"直播的背景是"谢谢你，为湖北下单！"，李佳琦与有着"央视段子手"之称的朱广权一起为湖北产业助力加油。网友笑称这次直播好热闹，并称两人的合作是"小朱配琦"。直播过程中，为湖北直播美食热干面、米酒、莲藕汤、绿豆带货，其间有1.2亿人次观看。朱广权的带货段子使粉丝纷纷下单，直播间里热闹非凡。

会讲段子的朱广权与懂产品的李佳琦带货直播，产生了奇妙的效应。在直播中，朱广权说了很多有趣的段子。例如："技术不好，手艺不妙，请多关照！我命由我不由天，我就属于佳琦直播间！""激动的心，颤抖的手，推荐什么大家都买走。烟笼寒水月笼沙，不止东湖与樱花，门前风景雨来佳，还有莲藕鱼糕玉露茶。""买它买它就买它，热干面和小龙虾。"

在这场公益直播的过程中，湖北8万热干面秒空。公益直播商品以价格低、质量好的优势受到众多粉丝的喜爱。而本次直播带货，也成功地帮助了一些企业解决了货物堆积、好产品卖不动的问题。

朱广权凭借他的段子幽默，使直播间热闹非凡，刚上的产品一度被秒空。直播平台下面纷纷回复，"老师好可爱""段子好厉害"。旁边的李佳琦在一旁哈哈大笑，拍手称赞朱广权的段子，两个人配合默契，直播卖货非常顺利。

幽默段子是吸引用户注意的绝好方法。主播在培养幽默感的过程中，可以努力学习段子，用段子来征服粉丝。

3.4 机智巧妙，应对问题

成为一名优秀的主播，就要学会随机应变。在这种互动性很强的社交方式中，各种各样的粉丝都可能会向主播提问，这样活跃跳脱的粉丝数不胜数，提出的问题也可能千奇百怪。因此，学会如何应对提问是主播成长的重中之重。

3.4.1 回答热点，客观中立

很多主播想借助热点事件吸引粉丝，但是现实生活中，不少主播没有用对方式，最后变成了丑闻。这种方式虽然吸引眼球，但是并不可取，也会给主播的心理带来沉重的压力。

有些主播为了吸引眼球，就故意使回答违反三观。这种行为是极其错误且不可取的，虽然主播的名气会因此在短时间内迅速上升，但其带来的影响是负面的、不健康的，粉丝会马上流失，更糟糕的是，会影响新粉丝的加入。

那么，主播应该如何正确评价热点事件呢？笔者将方法总结为以下两点，如图3-15所示。

```
正确评价热点       主播态度客观中立，不偏不倚
事件的方法
                 主播要有正确的三观，不违反道德规范
```

图 3-15 正确评价热点事件的方法

专家提醒

主播切记不能为了快速吸粉就随意评价热点事件，因为主播的影响力比普通人要大得多，言论稍有偏颇，就会对舆论产生负面影响。如果事实结果与主播的言论不符，就会损害主播的形象。这种做法是得不偿失的。

客观公正的评价虽然不会马上得到用户的大量关注，但只要长期坚持下去，形成自己独特的风格，就能凭借正能量的形象吸引更多的粉丝。

3.4.2 回答问题，充分准备

有的主播回答不出粉丝问题，就会插科打诨地蒙混过关。这种方式一次两次

粉丝还能接受，但次数多了，粉丝就会怀疑主播是不是不重视粉丝或者主播到底有没有专业能力。因此主播在进行直播之前，特别是与专业技能相关的直播时，一定要准备充分。对自己要直播的内容做足功课，就好像老师上课之前要写教案备课一样。主播也要对自己的内容了如指掌，并尽可能地把资料备足，以应对直播过程中的突发状况。

例如，在企鹅电竞上有一个名为"棋协大师"的象棋主播。由于象棋属于专业教学类的直播，而且爱好象棋的人数也有限，所以火热程度不如秀场直播、游戏直播那么多。但该主播十分专业，对用户提出的问题差不多都会给予专业性的回答，因此得到了一些象棋爱好者的喜欢和支持。如图3-16所示，为"棋坛大师"的象棋教学页面。

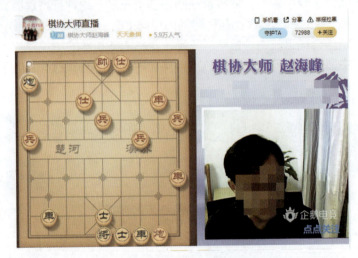

图3-16 "棋坛大师"的象棋教学

"棋坛大师"之所以能赢得粉丝的认可，除了其出色的专业能力之外，还少不了他每期直播前所做的充分准备。例如，主播根据每期的特定主题准备内容、准备好用户可能提出问题的答案等。充分的准备，就是棋坛大师应对提问的法宝。

再如，做一场旅行直播，主播可以不用有像导游一样的专业能力，对任何问题都回答得头头是道，但也要在直播之前把旅游地点及其相关知识掌握好。这样才不至于在直播过程中一问三不知，也不用担心因为回答不出粉丝的问题而丧失人气。如图3-17所示为旅游直播的相关画面。

主播每次直播前，都会对要直播的内容做好充分的准备，如风景名胜的相关历史，特色景点和人文习俗的来源、发展，当地特色小吃等。因为做了相关的准备，所以在直播的过程中就能有条不紊，对遇到的事物都能侃侃而谈，对当地的食物、风土人情更是介绍得特别详细。

图 3-17　旅游直播

3.5　心理素质，不断增强

直播和传统的节目录制不同，节目要获得让观众满意的效果，可以通过后期剪辑来表现笑点和重点。因此，一个主播要具备良好的现场应变能力和丰富的专业知识。

一个能够吸引众多粉丝的主播和直播节目，仅仅靠颜值、才艺、口才是不够的。直播是一场无法重来的真人秀，就和生活一样，没有彩排。在直播的过程中，万一发生了什么意外，主播只有具备良好的心理素质，才能应对种种突发情况。

3.5.1　突然断讯，随机应变

信号中断，一般借助手机做户外直播时会经常发生。信号不稳定是常见的事情，有的时候甚至还会长时间没有信号。面对这样的情形，主播首先应该平稳心态，先试试变换一下地点是否连接到信号，如果不行，就应耐心等待。

因为也许有的忠实粉丝会一直等候直播开播，所以主播要做好向粉丝道歉的准备，再利用一些新鲜的内容活跃气氛，再次吸引粉丝的关注。如果直播突然中断，主播也没有对粉丝进行很好的道歉，就会使粉丝产生不信任感。

例如，在小米 6 进行直播发布会的时候，忽然直播间黑屏了，小米官方没有回应。产品发布以后，很多购买者在网上反映小米 6 手机有一些质量问题。例如，手机做工不精细、手机经常发热等。这样的负面评论对小米手机的品牌口碑造成了一定的影响。所以说直播中断或者没有和粉丝说清楚就离开直播间、直接下播等，都会对主播和产品造成不好的影响。

3.5.2 突发事件，冷静处理

各种各样的突发事件在直播现场是不可避免的。当发生意外情况时，主播一定要稳住心态，让自己冷静下来，打好圆场，给自己台阶下。

比如，在带货主播李佳琦直播间有人刷恶评攻击小助理，在直播过程中，李佳琦没有愤怒地歇斯底里，也没有理会，而是专注于向粉丝介绍产品。很多人认为李佳琦冷血无情，不为小助理说话。直播结束以后，李佳琦更新了微博，并呼吁少一些网络暴力。在微博评论区很多粉丝表示心疼和支持佳琦。如图3-18所示，为李佳琦的微博声明。

李佳琦在应对突发事件时的处理方法值得其他同业人员大力学习，面对恶评保持冷静，事后再回应。

图 3-18 李佳琦的微博声明

在直播过程中，主播要把粉丝的眼光控制在自己手中，使粉丝的思维跟着主播的思维走，主播可以用才艺吸引粉丝的注意力，而不是纠结于不好的评论，使直播间全部都是糟糕的负面信息。

第 4 章
镜头面前,完美演绎

学前提示

面对直播行业的迅猛发展,主播越来越多,竞争越来越激烈,主播如何在镜头前完美地展现自己,吸引粉丝?这一章笔者将从选好主题、找准渠道、全程控场等方面讲解内容,为用户排忧解难。

要点展示

- 选好主题,用户为主
- 找准渠道,多种模式
- 全程把握,控制全场
- 确保直播,正常进行

4.1 选好主题,用户为主

做好直播营销的第一步,就是选好直播的主题,一个引人瞩目的优秀主题是做好直播不可或缺的。因此如何确立直播主题,吸引用户观看直播是直播营销中最关键的一个步骤。俗话说:"好的开头是成功的一半。"选好直播的主题也是如此。

本节将向大家介绍几种确立直播主题的方法,如从用户角度出发、及时抓住时代热点、打造直播噱头话题、专注围绕产品特点等。

4.1.1 明确目的,做好准备

主播要明确直播的目的,是想营销还是想提升知名度?因此,如果主播只是想提高销售量,就应将直播主题指向卖货的方向,吸引用户立刻购买;如果主播的目的是通过直播提升企业知名度和品牌影响力,那么直播主题的策划就应宽泛一些,最重要的是要具有深远的意义。

直播的目的大致可以分为3种类型,即短期营销、持久性营销、提升知名度。接下来重点介绍一下关于持久性营销的直播主题策划。对于持久性营销而言,其直播的目的在于通过直播平台持续卖货,获得比较稳定的用户。所以,持有这类直播目的的直播主题应该也具备长远性的特点。

在确定直播的主题时,应该从自身产品的特点出发,结合其他主播的特点,突出自己的优势,或者直接在直播中教授给用户一些实用的知识和技巧。这样一来,用户就会对店家产生好感,并成为店家的"铁杆粉丝"。

要带着目的性去直播,直播之前要检查自己的产品设备,提前一个小时根据自己设定的人设开始化妆,选择适合自己的衣服,对直播内容有一定的把握,做好规划,要和大家讨论什么,冷场乏味的直播不会吸引很多人关注。

例如,"绮姿女装旗舰店"店家在做在淘宝直播的时候。不仅有产品的直接展示,而且还会告诉微胖身材的女生怎样选择适合自己的衣服、衣服颜色的搭配,让用户感觉购物的同时还学到了不少知识。

如图4-1所示,为这家店铺的直播页面。从图4-1中可以看出,店家在直播文案上说"秋冬显瘦穿搭",它的标题是带有技巧性的,很多用户看到这个标题就会觉得很实用。同时也有效地抓住了女性的爱美心理,将用户与店家紧密联系在一起。

许多用户在观看完直播后都能有一定的收获,所以会对下次直播能带来什么精彩内容充满期待,这就是持久性营销的直播目的——为了实现销售的长久性,主播应黏住、吸引用户。

图 4-1 淘宝店家的直播页面

4.1.2 用户角度，迎合口味

在服务行业有一句经典的话叫作"每一位顾客都是上帝"，在直播行业用户同样也是上帝，因为他们决定了直播间的人气。没有人气的直播是无法维持下去的。因此，直播主题的策划应以用户为主，从用户的角度出发。

从用户的角度切入，要注意以下 3 点，如图 4-2 所示。

```
                    ┌─ 表达一些能够引起用户情感共鸣的观点
如何从用户角度切入  ─┼─ 掌握一些话术，便于与用户沟通
                    └─ 让用户投票选主题，迎合用户的喜好
```

图 4-2 如何从用户角度切入

从用户的角度切入，最重要的是了解用户究竟喜欢什么内容，对什么内容感兴趣，思考那些直播为什么如此火热，用户为什么会去看。

比如，现在关于潮流和美妆的直播是比较受欢迎的，因为直播的受众大多是年轻群体，对于时尚有自己独特的追求，比如"清新夏日，甜美时尚减龄搭""小短腿的逆袭之路""微胖女孩儿的搭配小技巧"等主题都是用户喜爱的。

例如，淘宝直播有一个名叫"微胖一姐"的主播，专门直播微胖女生的穿搭

技巧。在直播中，主播亲自试穿不同的服装，为用户展现如何利用服装搭配的技巧来掩盖身材的缺点，如图4-3所示。同时，如果用户觉得主播试穿的衣服也适合自己的话，就可以点击相关链接直接购买，如图4-4所示。

图4-3　关于微胖穿搭技巧的直播　　　　图4-4　直播上链接，边看边买

做美妆直播也是如此，通过直播化妆，可以展现美妆或护肤品的产品优势。从用户的角度出发，有些人是敏感肌，有些人是皮肤暗沉等。主播推介产品的同时，还应讲授方法，帮助用户解决问题。除此之外，各种热点、猎奇等主题也能激发用户的兴趣，主播需要从身边的事情挖掘，同时多多关注那些成功的直播是怎么做的，才能策划出一个完美的主题。

> **专家提醒**
>
> 　　当然，用户自己投票选择主题也是体现从用户角度切入的一个点。一般模式的直播都是主播决定主题，然后直接把内容呈现给用户。而为了迎合用户的喜好，企业就要准备好"打一场无准备之仗"，即按照用户的意愿来。主播要随机应变，积极调动用户参与。投票的另一种方法就是直播之前投票。比如平台方可以在微信公众号、微博等社交软件发起投票活动，让用户选择自己喜爱的主题。

每个主播面对的受众群体都是不同的，只有充分展示自己的直播风格，才能抓住粉丝的心；只有了解用户需求，才能制作出满足用户需求的直播内容。

学会倾听直播下面的评论，对合适的评价意见予以回复和采纳，可以从用户的角度思考自己的不足，明确自己的目标，慢慢地改进，充实自己的直播内容。

4.1.3 抓住热点，切记及时

在互联网发展得无比迅速的时代，热点就代表了流量。因此，及时抓住时代热点是做营销的不二选择。在这一点上，主播要做的就是抢占先机，迅速出击。

打个简单的比方，如果一个服装设计师想要设计出一款引领潮流的衣服，那他就要有对时尚热点的敏锐眼光和洞察力。确立直播主题也是如此，一定要时刻注意市场趋势的变化，特别是社会热点所在。

例如，奥运会就是一个大热点。各个企业纷纷抓住这个热点，将自己的产品与奥运会联系起来，利用"奥运"这个热点推销产品。比如当时红极一时的蚊帐，因为中国运动员在卧室撑起了蚊帐，吸引了不少外国人的注意，因为大多数欧美地区的人没有使用过蚊帐。因此，中国的蚊帐瞬间就"火"了。

显而易见，"蚊帐+奥运"这种产品营销方式就非常符合市场热点的要求。于是各大商家抓住了这个热点，在直播主题中加入了这个热点因素，吸引了不少用户关注。

当然，光抓住热点还远远不够，最重要的是如何利用热点快速出击。这是一个程序比较周密的过程，笔者将其总结为3个时期。

策划时期：从正确角度切入、寻找发布渠道；实施时期：合适的文案、整体的布局；与用户交流时期：抓住时间点快速出击。

总之，既要抓住热点，又要抓住时间点，同时抓住用户的心理，这样才能做出一个优秀的直播主题。

4.1.4 打造噱头，增添色彩

选择一个好的话题也是直播营销成功的法宝。当然，制造话题是需要技巧的。利用噱头来打造话题，会使很多用户为此瞩目。所谓噱头，即看点和卖点。巧用噱头打造话题会令用户为之兴奋。如何利用噱头来打造话题呢？从不同的角度来分，可分为3类，如图4-5所示。

主播可以营造气氛，制造卖点，获得更多关注。主播可以通过一些方法给自己的直播增加卖点。比如，主播在直播过程中，可以结合当下最流行的事情、最流行的歌曲和最知名的事件打造自身的人设，给自己的直播增加戏剧性的效果。也可以结合当下热点，说一些当下最热门的时间和热点词，造一些梗来吸引粉丝的注意力，或者与其他主播强强联合，利用多个知名IP，制造有影响力的话题。借助其他知名主播的名气，使更多的粉丝知道你，扩大自己的影响力。

```
利用噱头打造话题的方法 ── 引用关键热点词汇作噱头，制造话题
                      ── 抛出关于主播的故事线，制造关于主播的话题
                      ── 了解当下时事，叙述当下爆炸性新闻当噱头
```

图 4-5　利用噱头打造话题的方法

在策划直播主题时，主播要学会利用热点词汇做噱头，吸引用户的注意力。例如，2020 年的《青春有你第二季》虞书欣在台下看节目，因为表情夸张可爱，一句"哇哦"成了热门话题，不少网友觉得这个"作天作地"的小仙女很可爱。

黄晓明、张新成、李佳琦纷纷在短视频里谈论和效仿，无论是企业还是个人，都纷纷引用"哇哦"来表达自己的赞赏吃惊的心情。如图 4-6 所示，为虞书欣的"哇哦"微博表情包。有网友发现，有道词典搜索"wow"竟然弹出来虞书欣的表情。如图 4-7 所示。

图 4-6　微博表情包

图 4-7　有道词典虞书欣表情包

很多淘宝主播在直播中也借助这个关键词来吸引用户的眼球。类似的热点词汇还有很多，比如"一言不合就……""走心""你品！你细品！""奥利给""买它买它买它""秒杀""白菜价""福利捡漏"等。

在直播中，商家也可巧妙地借用"走心"这个关键词来吸引用户流量。例如，

淘宝直播一个主题就采用了这个热词，叫"大牌女装白菜价，速来"，如图4-8所示。

在你购买的过程中主播也会给你推荐软文，用"买它买它买它"引导消费者消费，如图4-9所示。

图4-8 利用热词打造直播主题

图4-9 利用热词做推荐软文

由此可见，打造噱头主题时借鉴热点词汇确实是一个相当实用的技巧，可以成功地与用户产生情感共鸣，同时也可获得人气和收益。成功的直播主题策划能够最大限度地吸引用户前来观看。

4.1.5 围绕产品，展现优势

如果主播想要让用户从头到尾，一秒不落地将直播看完，那么就一定要围绕产品特点来做直播主题策划。因为你要向用户全面展示产品的优势和与众不同的地方，这样用户才会产生想要购买的欲望。围绕产品特点的核心就是"让产品做主角"。

那么"让产品做主角"具体该怎么做呢？这里有几个基本做法，笔者将其总结为3点，如图4-10所示。

主播必须清楚地认识到：产品是关键，产品才是主角。直播的目的就是让产品给用户留下深刻印象，从而激发用户的购买欲。

有的主播在直播时将产品放在一边，根本没有向用户详细介绍产品的优势和特点，而一味地向用户讲一些无关紧要的东西。有的主播一开始直播就滔滔不绝地介绍产品，丝毫没有其他实用技巧。这两种直播方法都是不可取的。

```
                            ┌─ 主播讲话要与产品息息相关，吸引用户购买产品
    "让产品做主角"          │
       的具体方法    ───────┤─ 主播的动作要强调产品的优势和好处
                            │
                            └─ 主播可以将产品放在主播旁边，让用户能经常看到
```

图 4-10　"让产品做主角"的具体做法

在介绍自己的产品之前，要非常了解自己的产品，记熟产品相关知识，以便回答粉丝的提问。如果对自己的产品了解不够充分，慌慌张张，即便产品性价比高，相比较同类产品便宜，粉丝也会对产品质量产生不信任的感觉。主播应始终牢记自己的使命，那就是扩大自己的产品优势、品牌优势，而不是只打价格战。

在直播之前做好相关准备，才能使直播进行得有条不紊。例如，淘宝直播中有一个卖珠宝的商家，在直播中展示了产品的相关信息，如图 4-11 所示。

而他的直播内容也全都是围绕产品进行的，比如珠宝的特色、质地、适合的人群等，而且还可以边看直播边点击链接购买，如图 4-12 所示。

图 4-11　商家对珠宝进行展示

图 4-12　珠宝的购买链接

由此可以看出，用户看以销售为目的的直播是因为对其产品感兴趣。因此，直播主题策划就应该以产品为主，大力宣传产品的优势、特点。只有这样，用户才会观看直播，从而购买产品。

4.2 找准渠道，多种模式

在运营直播的时候，找准传播渠道也是一个重要的方面。这种传播渠道从某种意义上来说，也是模式。随着直播的不断深入发展，直播已经远远不再是单纯的作秀，而渐渐成为真正的营销方式。所以，想要将产品成功地推销出去，找准传播渠道是一个必不可少的环节。

4.2.1 产品发布，平台同步

"发布会 + 直播"这种模式的重点在于多平台同步直播，因为发布会只有多平台同步直播才能吸引更多的用户关注，打个简单的比方，央视的春节联欢晚会如果没有各大卫视的转播，那么其知名度、曝光率就不会那么高。

让产品多渠道展现是向喜欢不同平台的用户提供讨论的专属空间，这样一来，他们也能在自己已经熟悉的互动氛围中进行自由的交流讨论。例如，2020 "小米 10"新品发布会就格外惹人注目，其不同于以往只能在小米官网的娱乐直播上观看，而是在各大直播平台都能观看。可以观看的平台有虎牙直播、火猫直播、斗鱼直播、YY 直播、京东直播、小米社区、小米直播、苏宁直播等。还有一些视频 App 可以在线直播，如爱奇艺、腾讯等。

直播有着很强的互动性，形式丰富，真实化、个性化。企业做好产品直播，相当于与产品购买者面对面，更好地做好产品的营销宣传。

小米手机发布会在各大平台直播所引起的讨论风格也是各不相同，因为直播平台的受众年龄大多分布在十几岁到三十几岁之间，因此各自的观点也是有差异的。这种"发布会 + 直播"的模式之所以引起大量网友讨论，获得令人意想不到的效果，其原因在于以下 3 个方面。

（1）直播之前，发布会的官方媒体就会对此消息进行大力宣传和预热，制造系列悬念吸引用户眼球。

（2）这种模式比较新颖，将传统的商业发布会与直播结合起来，抓住了用户的好奇心理。

（3）给用户提供了互动的渠道，对产品的不断改进和完善更加有利。

小米通过直播发布会来推介产品，可以从专业的角度介绍产品包装、手机外观、速度、参数等方面，让观众了解到产品的性能和优势。同时可以宣传个人品牌和品牌故事，从而得到更多人的认可。对于小米用户来讲更加方便快捷，用户足不出户就能了解当下最新潮的手机品牌，从而选择是否购买。

如图 4-13 所示，为小米产品发布会在哔哩哔哩上的直播页面。此次直播引起了小米粉丝和哔哩哔哩用户的广泛关注和讨论。

图 4-13　哔哩哔哩上的小米产品发布会直播

小米的发布会直播运用多平台同步直播的方式，这值得其他产品借鉴。当然，这也要根据产品的性质而定。但不容置疑的是，小米的发布会直播取得了巨大的成功，这种模式为其带来了更多流量和用户。

4.2.2　作秀直播，掌握技巧

"作秀"这个词语，可以分两个层面来解释：一个意思就是单纯地耍宝，还有一个意思就是巧妙地加入表演的成分。很多企业和商家为了避免有作秀的嫌疑，往往一本正经地直播，这样的直播却没有什么人看。而有的企业则会利用"作秀 + 直播"的模式来取得销售佳绩。小米进行了关于"小米 10"的直播，如图 4-14 所示。

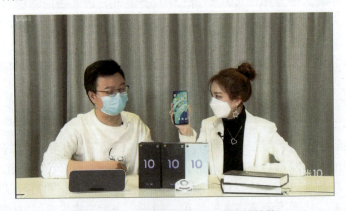

图 4-14　主播讲解小米 10 手机的性能

直播开始，两位主播在镜头前面开始"秀"小米手机。秀拍照，1 亿像素的电影相机，支持 50 倍数码变焦，双 OIS，8P 镜头；秀配置，骁龙

865+LPDDR5+UFS3.0+WIFI6,能够给手机体验带来更快的速度;秀屏幕,小米 10 Pro 采用了 6.67 寸超小孔径曲面屏,90Hz 刷新率;秀音质,对称式双扬声器,平衡真立体声。

通过一场产品"秀",使观众更加了解产品的性能、企业的文化,对于产品品牌而言,增加了产品的影响力。这些颇具特色的桥段,让用户感觉企业的直播也可以有新意,就像表演一样给人带来精神享受。

直到直播结束了,用户们还回味无穷,希望这场"秀"还能继续上演。可见,"作秀 + 直播"模式只要把握住用户的心理还是很容易获得成功的。

专家提醒

最重要的是在直播中要去除营销味。想要利用"作秀 + 直播"的模式获得人气,就需要结合产品特性发挥出自己的特色,同时又不能把重点倾斜于作秀,因此,把握这个"度"是核心。

做产品直播时,不能一上来就讲产品,这样显得太过乏味,应该找点用户感兴趣的话题,然后慢慢地引到产品上来。更不能全程都在讲产品,这样用户会失去继续看直播的动力。最好的办法就是做出有自己特色的直播。

4.2.3 塑造形象,颜值直播

在当今的直播营销中,都说对主播的要求比较低,其实要想成为一个名气度高的主播,门槛还是挺高的。比如那些人气高、频繁登上平台热榜的主播,实际上都是依靠背后的经纪公司或者团队的运作,同时,他们也有很高的颜值。

在直播中,主播的表现与产品的销售业绩是分不开的,人人都有爱美之心,都喜欢美好的事物。很多用户更加乐意看颜值高、情商高的主播,这也是颜值高的主播人气也高的原因所在。

如何塑造一个有颜值的主播呢?这里面大有学问,笔者将其总结为 3 点,如图 4-15 所示。

例如,柳岩在快手直播带货,柳岩携手 13 位快手头部红人开播不到 1 分钟,直播间即获超 100 万点赞,向粉丝直播带货,50% 的商品订单量过万,洗发水、充电榨汁机销量过百万。

高颜值美女柳岩带货,销售业绩也是节节攀升。不得不承认颜值带来的经济效益确实是不可思议的。如图 4-16 所示,为柳岩直播场景图。

```
                            ┌─ 主播的形象要符合自己塑造的人设性格
主播颜值的塑造方法  ┤─ 主播的服装、妆容造型要干净、靓丽
                            └─ 主播的行为也要得体、大方
```

图 4-15 主播颜值塑造流程

图 4-16 柳岩直播场景图

> **专家提醒**
>
> 爱美是人之常情，人人都喜欢欣赏美好的事物，所以颜值成为营销手段的一部分因素也就不难理解了。但需要注意的是，颜值并不是唯一，光有颜值是不够的，将颜值和情商、智商结合起来，才能获得"颜值＋直播"的效果。

虽然，"颜值＋直播"模式的营销效果十分出色，但也要注意主播个人素质的培养，只有高情商、高智商和高颜值的结合，才能获得最佳的直播营销效果。

4.2.4 限时抢购，抓住用户

众所周知，既然直播是为了营销，那么如何让顾客产生购物的欲望则是商家需要思考的问题。在直播过程中，商家如果加入一点"小心机"，例如采用"限

时购+直播"模式，就能大大激发用户购买产品的欲望。这是一种抓住用户心理的营销战术，这种营销战术能够最大限度地调动用户的购买热情，从而实现营销的最终目标。

例如，"妖精的口袋旗舰店"是一个专卖潮流女装的淘宝商家，其主要经营的产品包括服装、包包、化妆品等。该商家靠自己主播推销产品，不但亲自换装告诉个子娇小的用户如何搭配衣服，还认真地回答用户提出的各种问题，解决用户的疑惑。

专家提醒

比如天猫、淘宝、聚美等平台上的直播都可以边看边买，这样的平台更适合"限时购+直播"模式，为用户提供浸入式的购物体验。

当然，在这种平台直播时，加入限时购的模式也是需要技巧的，应根据用户心理挑选时机来变换弹出产品的方法，单一的形式不容易引起用户的注意。

在直播中，主播向用户介绍相关的产品，屏幕上就会弹出相应的商品链接，感兴趣的用户可以马上购买，如图4-17所示。此外，在屏幕下方还有一个产品信息栏，用户可以获得相关的产品信息，在此选购自己喜爱的产品。如图4-18所示，为淘宝服装店的产品信息栏。

图4-17 淘宝服装店家直播弹出商品链接　　图4-18 淘宝服装店家的产品信息栏

同时，如果用户们在观看的同时关注了主播，还会有购物红包派送，这也是一种明智的营销手段。这样不仅让用户更加想要购买产品，同时又吸引了大量的潜在顾客。可谓一箭双雕，两全其美。由此可以看出，企业运用"限时购 + 直播"的模式进行营销是一种明智的选择，只有加入限时购的信息页面，才能让用户买得更果断，从而提升销售业绩。

4.2.5　IP 加直播，不容小觑

直播营销和 IP 营销是互联网营销中比较火爆的两种模式，很多娱乐企业、著名品牌都采用了这两种营销模式，那么，可不可以将二者结合起来呢？"IP+直播"模式的效果会不会更好呢？答案是肯定的。直播营销要想真正地火起来，并立于不败之地，就需要 IP 的鼎力相助。

> **专家提醒**
>
> 当然，IP 也可分很多种，比如一些名人、明星本身就是一个 IP，那些经久不衰的小说、名著也是 IP，一本经典的人气漫画也是 IP。

"IP+ 直播"模式的核心是如何利用 IP 进行直播营销。主播如果想要吸引用户和流量，就应该利用名人效应。随着时代的前进、科技的发展、人们购物心理的变化，传统的营销方式不再适用。各种营销手段和营销工具源源不断地产生，名人 IP 也成为直播营销中不可或缺的宝贵资源。更多的主播学着借助 IP 进行直播营销，利用名人 IP 的效应，吸引用户观看直播，从而获得直播营销的效果。

在很多直播间，我们可以看到自己喜欢的明星。前不久，在"薇娅 viya"直播间带货的郑爽又上了热搜，起因是粉丝说，直播间里的郑爽太好看了。不仅是郑爽，宋威龙、古天乐、关晓彤、宋祖儿一众明星都来过薇娅的直播间。

主播薇娅借助名人的超高人气，吸引明星粉丝来观看，将明星粉丝转变成自己直播间的粉丝，加上此前的大力宣传，越来越多的人知道淘宝带货一姐薇娅，从而收获了诸多人气，随之而来的是更多的产品资源。如图 4-19 所示，为"薇娅 viya"直播间。

同时，这还为之后的大促销和特惠活动奠定了基础，购买人数大大超过预期。显而易见，"IP+ 直播"模式吸引用户的效果是不容小觑的，好好利用的话一定能取得巨大成效。

图 4-19 "薇娅 viya"直播间

4.3 全程把握,控制全场

作为主播,要有一定的控场能力、强大的沟通能力、良好的心态来应对未知的场面,在直播前要做好充足的准备,调试好直播工具,避免听不到声音,或者网络不好等意外状况。热情地说话,灿烂地微笑,当有粉丝送小礼物,表示感谢,说一些祝福的话,祝福粉丝生意兴隆、平平安安等。把握直播就是把握粉丝,拉近与粉丝的距离,闲话家常,谈论家乡和美食,与粉丝进行沟通,引起粉丝的回应。

4.3.1 直播准备,必不可少

直播前要做好设备的检查、内容的策划、服装的搭配等。没有充分的准备,就没有良好的直播效果,如果直播没有好的效果,就是在做无用功。

1. 直播工具的准备

直播可分为两种方式,即手机直播和电脑直播,淘宝卖货常常使用手机直播,手机直播方便快捷,电脑直播可操作的空间更大。

初次直播的新手可以采用手机直播的方式,在虎牙直播、抖音直播、YY 直播等平台上直播。这些平台自带美白、磨皮,有回放功能,可以反复观看。手机直播需要配备手机、外置声卡、监听耳塞、手机支架等设备。

对从事直播行业一年左右的专业主播来讲,手机直播已经远远不能满足主播的需求了。对于专业的主播来说,需要准备以下设备。

(1)美颜摄像头。电脑部分软件自带磨皮、美颜功能,但大部分主播为了上镜好看,还在电脑上安装了美颜摄像头。

（2）补光灯。好的灯光环境能使人物更加清晰。

（3）手机支架配件。固定住手机，让拍摄画面更加稳定。

（4）外置声卡。外置声卡可以大幅度提升音质，能连接手机和电脑。

（5）麦克风。手机使用麦克风的效果一般，电脑需要配置麦克风，降低噪声。

2. 找到适合自己的装束

直播间的灯光、角度、自己的造型都要提前设计好，要通过直播的外在氛围和直播主体内容相配合，给粉丝良好的观感。选择适合自己的衣服，不要轻易尝试自己没尝试过的颜色和款式，穿衣打扮要符合自己的个性，并打造自己的特色，增加个人记忆点。例如，左边的主播穿搭属于优雅风格，右边的主播穿搭属于清纯风格，如图4-20所示。

图4-20　不同穿搭风格的主播

化妆穿衣可以增加主播上镜感，衣服的颜色对主播整体印象的影响是巨大的，想要吸引粉丝，留住粉丝在自己的直播间，就应该知道避免哪些颜色，怎样穿适合自己。一个搞笑风格的主播，穿的衣服可以是可爱的、搞怪的，一个颜值主播穿的衣服可以是知性的、优雅的。

3. 做好直播规划

直播规划有两大步骤，第一点是设计自己的封面和标题。第二点是设计自己的直播内容。封面是给人的第一印象，主播在设计自己直播的封面时，一定要展示自己的特点，用自己的特殊性来吸引人。封面的设计如何才能吸引人呢？有以下几点。

（1）封面美观，最好是远景。

（2）突出风格，性感的、可爱的或酷酷的等。

（3）背景要简单大方，不能乱七八糟。

封面是一个人对你的最初印象，就像一张递出去的明信片，能给一个粉丝最直观的感受，它直接决定了这个粉丝会不会去你的直播间。直播的封面图片设置得好，能够使各位主播初步抓住众多粉丝的心。

以斗鱼直播和抖音直播为例，斗鱼直播封面大多是全景图或者半身图，如图4-21所示。抖音直播的封面，以主播的个人形象照片为主，背景以场景图居多，也可以选择游戏画面、卡通人物的图片，这些画面都比较清晰美观，如图4-22所示。

图4-21 斗鱼直播平台的直播封面

图4-22 抖音直播平台的直播封面

其次，设计自己的标题，有以下几点。

（1）蹭名气吸引眼球，例如："本山徒弟""身残志坚夫妻"等。

（2）才艺吸引，例如："古筝演奏""热血喊麦"等。

（3）利益吸引，例如："大额红包进来抢""免费赠送大礼包"等。

（4）故事吸引，例如："全斗鱼最惨女主播"，别人就会好奇你为什么惨？哪里惨？

总之，要避免中规中矩的题目，多用开放式的文案标题。封面标题最好要具有一定话题，并能让人产生好奇或者疑惑，想点进去看一看。总之，就是开播前一定要准备好再开播。因为不做好规划，直播很容易翻车。

主播在前期准备资料时，可以给自己直播的内容写一个大纲，并设计自己的直播内容，可以是自己生活的点滴，也可以是唱自己擅长的歌等。如图4-23所示，为直播内容设计流程。

```
                          ┌─ 设计自己的风格路线，比如：性感路线，或者
                          │  是妩媚路线，或者是搞笑路线
                          │
            直播内容设计流程 ┤  设计自己的表现内容，比如：和粉丝聊天、秀
                          │  才艺、搞笑段子、真人演戏等
                          │
                          └─ 设计自己的开场白，一个好的开场白能够突出
                             你的特色，给粉丝耳目一新的感觉。
```

图 4-23　直播内容设计流程

4.3.2　直播过程，明确方向

如果一个新手主播，在直播过程中没有占主导地位，而是迷糊、盲从，在直播时对于主场没有很好地把握，主播很容易越播越迷茫。主播设计不出直播内容，关注的人不多，越播越丧失信心。所以广大主播不要盲目开播，事前要确定好自己的风格，直播过程中要注意以下几点。

1. 语言动作，实力控场

直播中间会遇到很多观看直播的人，有老粉丝，也有游客；有消费的人，也有不消费的人。只有主播热情洋溢，才能够吸引粉丝驻足；反之，主播冷淡话少，直播间冷冷清清，就更不会有人观看了。

每当有粉丝来到直播间，主播都要表示热情的欢迎，要在粉丝刚刚认识你的时候就吸引住他们。主播要多与粉丝进行互动，找话题，用话题吸引粉丝，增加直播间的气氛。只欢迎粉丝，却没什么话题，直播冷场了，粉丝就会立即离开。那么，怎么更好地吸引粉丝呢？主播可以重点把握以下几点。

1）避免冷场，表演才艺

直播过程中，可以表演才艺，如唱歌、弹琴、脱口秀、画画、讲笑话等。设想一个外貌很普通的女主播，唱歌却很好听，反差之下，会显得更有魅力，自然而然就吸引了粉丝。设计一些小游戏互动环节，同时可以送粉丝小礼物，让直播间显得更有生气，让粉丝互动起来。

2）表情动作，生动有趣

性格阳光、开朗的主播更容易聚集更多的人气。许多主播人气不够，原因之一就是不够活泼，简而言之，就是放不开，不好意思。

在直播过程中，没有高潮，主播个人也没有特别大的情绪浮动的话，这种直

播内容明显就不能够给用户耳目一新或者愉悦的感觉。所以主播对新来的粉丝不够热情，直播现场活动度不够，无法调动现场情绪，直播粉丝参与度通常不高，关注的用户自然也不多。

主播可以想一个只属于自己的标志性动作，给粉丝带来美好的视觉感受，如剪刀手卖萌、比心、吐舌头等动作，让粉丝觉得性格好，对主播产生好感。

3）用关键词，吸引粉丝

主播必须学会调节气氛，用一系列关键词吸引粉丝。例如，带货主播李佳琦经常在直播间说，"哈喽，哈喽，大家好，我们来咯！我们主播开始了！""买它！买它！买它！""真的好好看！""我的个妈呀！""我的个天啊！""OMG！""Amazing！"等关键词，吸引大量用户成为自己的粉丝，并且能使粉丝成为自己的铁杆粉，如图4-24所示。

图4-24　"李佳琦"直播间

4）聊天互动，加深了解

直播接近尾声的时候，就应与粉丝聊天互动，让粉丝慢慢认识你。这时候，不管是老用户还是新用户，主播都要主动跟他们打招呼，闲聊家常，就是一种主动拉近距离的表现。

主播主动询问粉丝想要看什么，不仅能与粉丝进行互动，还能让粉丝觉得自己受到了尊重，赢得了用户的好感，吸引用户下一次观看。

5）收到礼物，表示感谢

当主播收到礼物的时候，无论大小，都要向粉丝表示感谢，热情地说"谢谢

XX送来的贴心小礼物！""感谢老铁！"等，让粉丝感受到主播的诚意与热情。

切记，当没有收到礼物的时候，不能生硬地索要。带有强烈的目的性，会引起粉丝的反感。如果主播想要礼物，可以撒娇，或者用一些暗喻的词句索要礼物。比如"好久没有看到过XX礼物了！""求上榜！"等，激发粉丝送礼物的积极性。

6）声情并茂，分享生活

主播可以在直播中，展示自己最真实的一面，如自己的遭遇，或者自己的快乐和收获。当你的老粉丝觉得你过得不好的，就会支持你、同情你；看到你过得好，就会激励你、鼓励你。一个人物加一个热门事件，也可以让你的粉丝大涨。

7）淡定幽默，回复恶评

网络上什么样的人都有，主播有时候会遇到粉丝屏幕攻击。遇到这种情形，主播要淡定处理，可以反驳，但不能言语过激。如果主播辱骂粉丝，会产生一些负面影响，还有可能会被封号，这些都是不利于长远发展的。

2. 内容多变，风格不变

好吃的美食外表不吸引人，也会吸引大批食客，再好看的美味，没有独特的味道也不会招徕顾客。作为主播，长得好看的确是先天优势，但是美貌终究会消失，唯有做好内容的主播才能在竞争激烈的直播平台打出一片天。

在直播平台上，一些主播并不靠外表取胜，反而扮丑自黑。例如：搞笑风格的主播"舞帝金大锤"，封面是犀利的发型、夸张的眼线和瞪大的眼珠。直播过程中，主播用东北的方言"欢迎回家啊！""拉倒吧！兄弟""烦人""走一个""感谢大哥"等关键词吸引粉丝，如图4-25所示。

主播"舞帝金大锤"运用夸张的表演，故意扮丑增加笑点，吸引粉丝送出小礼物。她每说一个段子，就有自带的音效烘托，让人有一种开心的感觉。不仅如此，她还非常善于把握自身特色与粉丝沟通交流互动，关注粉丝的评论，用诙谐的语言回复粉丝，尽可能满足一些老粉丝的要求。例如：为了满足粉丝的要求，她会对着镜头唱《忐忑》。

如果直播间里没有笑点，主播"舞帝金大锤"还会通过策划活动来吸引眼球。例如：给粉丝表演，自己最多能穿多少层衣服，边穿衣服边互动，如图4-26所示。

直播平台不缺少美女，缺少的是有趣的内容，只有内容有趣，粉丝才会经常来到你的直播间。尽管没有姣好的外表，但是这些主播个性突出，直播风格自成一派，并不断地向粉丝展示自己的魅力，给人开心愉悦的感受，这样很容易就吸引粉丝。

主播的风格就是自己与众不同的标签，多观摩其他主播的直播风格，找和自己相貌、气质都相似的直播，进行学习并找到属于自己的风格。

图 4-25 "舞帝金大锤"的直播　　图 4-26 "舞帝金大锤"与粉丝穿衣互动

4.3.3 直播结束，粉丝维护

对于主播来说，巩固自己的粉丝团体、提升自己粉丝的质量尤为重要，一些游客粉丝，不仅关注了你，还关注了别的主播，也可能只喜欢你一段时间，就喜欢上别人了。如何把普通粉丝变成你的铁杆粉丝呢？

每天直播的时间段最好一致，有利于维护粉丝，让粉丝找到你，粉丝找不到你，就很容易喜欢上别的主播。做主播时间长了，有一定粉丝基础以后，你可以建立一个粉丝群，在群里可以随意地互动，了解粉丝的想法，逢年过节群发祝福，表达对粉丝的关注。

记住那些经常给你打赏的粉丝，在收到礼物的时候，多提及粉丝，多感谢，使粉丝觉得自己很重要，就会更加维护主播。

主播可以在群里和粉丝聊聊天，嘘寒问暖，把粉丝当朋友一样对待，这样可以维护好你的粉丝。主播应用真诚的心对待每一个观看直播的人，与粉丝建立良好的关系，巩固好与粉丝之间的关系。

4.4 确保直播，正常进行

在运营直播的过程中，一定要注意视频直播的内容规范要求，切不可逾越雷池，以免辛苦经营的账号被封。另外，在打造直播内容、产品或相关服务时，要切记遵守相关法律法规，只有合法的内容才能得到承认，才可以在互联网中快速传播。为了确保直播正常进行，我们一定要认识到以下 3 点。

4.4.1 选择评论，积极回复

当游客来到直播间，要先欢迎游客，让游客有参与感，主动开口和游客聊一聊，了解游客的需求。下面介绍抖音直播的几种互动方式。

（1）评论互动。用户可以点击"说点什么"；在弹出的输入栏中，输入文字内容，点击"发送"按钮，便可以发布评论，如图4-27所示。此时主播要多关注这些评论内容，选择一些有趣的和实用的评论进行互动。

图 4-27 发布评论

（2）礼物互动。礼物是直播平台最常用的互动形式，抖音的直播礼物名字都比较特别，不仅体现出浓浓的抖音文化，同时也非常符合当下年轻人的使用习惯以及网络流行文化，如"小心心""太南了"等，如图4-28所示。

图 4-28 主播礼物

直播就是主播在线上表演，粉丝在线下观看，在直播过程中进行互动是留住粉丝的重要一环。与粉丝没有交流，观众觉得没有参与感，就会离开直播间。只有通过良好的互动，调动粉丝的积极性，才能实现双赢。

4.4.2 清醒认识，把握两点

互联网时代的到来，手机用户逐渐增多，根据数据显示，截至 2019 年 6 月，我国网络直播用户增长到 4.33 亿，主播数量也实现了直线增长。经营比较好的平台不多，但主播越来越多，竞争也越来越大。因此，一个主播要想打败其他主播，需要把握好以下几点。

1. 内容把控

在 2016 年爆火的网络直播，同期因低俗备受诟病。因为模式单一、内容低俗，涉黄涉暴的内容充斥在某些直播平台当中，直播内容良莠不齐。国家严厉整顿直播行业，多个直播平台被处罚和勒令整改。

针对直播乱象，国家对直播行业进行规范：直播平台需要牌照，所有主播必须实名认证；对于播出涉政、涉枪、涉毒、涉暴、涉黄内容的主播，情节严重的将列入黑名单。

当下，促进直播行业的健康发展，各直播平台都对直播内容进行了管理。例如：抖音平台也根据直播内容后台操作，对不合格的内容进行限流。由此可以看出，仅仅依靠哗众取宠、犀利言论也许能获得一时的关注，但是要想有长远的发展，还得靠输出优质的内容。主播只有不断地提升自己，拥有更多的直播技能，创作出令人喜爱的作品，才能走得更远。

2. 玩法创新

随着直播卖货的兴起，网络直播的性质开始转变，即从泛娱乐化到工具化，从之前的"游戏直播""美女直播"到现在的"开箱直播""直播带货"。

2020 年"支援湖北"专项活动，"直播＋公益"口红一哥"李佳琦"、淘宝一姐"薇娅"、抖音主播"罗永浩"等纷纷进行公益直播，驰援湖北产业。

2020 年以来，直播的种类在多元化地发展，直播和公益结合、直播电竞、直播加聊天等直播形式层出不穷。云南一所学校培养了一批"科班出身"的直播专业学生。这些学生还没毕业就被企业预订，全部实现了就业实习。

新时代的直播行业，给市场带来了更大的机遇，"直播＋"给平台、主播、和企业产品都提供了双赢机会。

4.4.3 直播空间，专业设备

建立一个专业的直播空间，要做好以下工作。

- 直播室要有良好稳定的网络环境，保证直播时不会掉线和卡顿，避免因此影响用户的观看体验。如果是在室外直播，建议选择无限流量的网络套餐。
- 购买一套好的电容麦克风设备，给用户带来更好的音质效果，同时也将自己的真实声音展现给他们。
- 购买一个好的手机外置摄像头，让直播效果更加高清，给用户留下更好的外在形象，当然也可以通过美颜等方式来给自己的颜值加分。

其他设备还需要准备桌面支架、三脚架、补光灯、手机直播声卡以及高保真耳机等。例如，直播补光灯可以根据不同的场景调整画面的亮度，具有美颜、亮肤等作用。手机直播声卡可以高保真收音，无论是高音还是低音都可以还原得更真实，让你的歌声更加出众。

第 5 章
专业功力,不断提升

学前提示

本章重在提高主播的专业功力,主播的专业功力分以下几个方面:学习技巧,促进成交;产品介绍,快速圈粉;做好预告,流量暴增;如何选择,优质货源。

通过提升主播个人的专业能力,吸引更多的用户了解、喜欢、点赞、关注。

要点展示

- 学习技巧,促进成交
- 产品介绍,快速圈粉
- 做好预告,流量暴增
- 如何选择,优质货源

5.1 学习技巧，促进成交

主播在直播过程中，要想提高自己的成交率，需要与用户保持良好的联系，提醒用户关注和点赞，用手势或者动作刺激用户，展示产品的使用心得等。

具体来说，提高产品的成交率分为5步，第一步与用户建立基本信任、运用手势加深用户的印象；第二步塑造产品价值、营造品牌效应；第三步关注用户需求、点明自己的优势来打动用户；第四步筛选自己推荐的产品、迎合当下的市场；第五步给用户营造紧张感，让用户购买。

5.1.1 建立信任，双向沟通

随着更多的人进入服装直播行业，店铺和店铺之间、主播和主播之间的竞争也在加强。主播如果想让自己的直播间能够脱颖而出，就需要利用一些销售技巧来获取粉丝的信任，让粉丝可以放心下单购买。在直播销售时，主播可以掌握以下4点。

1. 推荐商品时要有信心

主播在直播过程中，向观众和粉丝推荐服装的时候，最好可以充满自信地进行商品介绍，这样能让顾客和粉丝产生信任感。

如果主播在推荐服装的时候，肢体语言上没有表现出对自己的自信、对商品的自信，那么就很难让观众和粉丝对商品产生信任，自然也不会想去了解主播推荐的这款服装。图5-1所示，为主播展示自己穿上衣服以后的背部线条。图5-2所示，为主播为了更好地展现服装，主播在镜头面前非常自信地摆姿势，让用户欣赏。

图5-1　主播展示自己穿上服装以后的背部线条　　图5-2　主播对着镜头摆姿势

2. 推荐商品时用手势配合

主播在推荐服装的时候，可以适当地配合一点肢体语言，不仅可以让自己在介绍服装时形式更丰富，也可以吸引观众和粉丝的注意力，让他们更加集中精神观看主播进行商品介绍。图 5-3 所示，为主播在介绍服装时，加以手势配合。

图 5-3　主播在介绍服装时，配以手势

3. 着重强调产品的不同特征

主播在向观众和粉丝介绍服装时，可以强调服装的不同特征。主播通过这种强调法，让顾客对服装的款式、设计产生印象，从而愿意了解这款服饰，或者想购买这款服饰。图 5-4 所示，为主播重点介绍裤子上面收腰设计和花边设计。

图 5-4　主播重点介绍裤子上面收腰设计和花边设计

4. 把话题集中在商品上

作为服装销售主播，在直播间面对自己的观众、粉丝时，可以观看粉丝发送的评论，进行聊天、沟通。这时，主播应该把话题集中在服装商品上，这样可以让自己的形象更加专业，也能保证直播间的热闹氛围。

5. 提醒用户关注点赞

为了与粉丝有更紧密的联系，一般主播都会提醒用户关注点赞。只有这样，主播在下一次直播的时候，用户才能够更加容易地看到主播的直播信息。

其次，如果用户关注了主播，也许用户第一次没有买，但长久以往，用户购买的概率肯定比不关注主播的用户购买的概率大。

5.1.2 塑造价值，品牌效应

主播要为产品塑造价值，让用户觉得该产品值这个价格。在讲解产品的时候，核心讲解点不在产品的价格，而在产品在用户心中的价值。

一个爱马仕的箱包几万元，远远超与同类箱包的价格，但购买的用户可能并不觉得贵，原因是该品牌在用户心中的价值远远超过其他品牌。

主播应当先仔细介绍产品，提升产品的价值，之后再介绍优惠活动，让用户感觉物超所值。

5.1.3 锁定需求，满足用户

把握好用户就是要了解消费者对产品最关注什么。从消费者方面来说，主播应该了解消费者的各种需求，从而锁定需求，满足用户。营销大师杰克·特劳特（Jack Trout）曾说过："消费者的心是营销的终极战场。"笔者认为，锁定用户的需求，要把握好以下几点。

1）安全感

人是趋利避害的，内心的安全感是最基本的心理需求，把产品的功用和安全感结合起来，是说服客户的有效方式。

比如，新型电饭煲的平台销售文案说，这种电饭煲在电压不正常的情况下能够自动断电，能有效防范用电安全问题。这一要点的提出，对于关心电器安全的家庭主妇一定是一个攻心点。

2）价值满足感

从心理角度上来讲，得到别人的认可能够实现自我价值，并且获得满足感。主播将产品与实现个人的价值感结合起来可以打动客户。

例如，脑白金打动消费者的原因，正是其满足了他们孝敬父母的价值满足感。

再如，销售豆浆机的文案可以这样描述："当孩子们吃早餐的时候，他们多么渴望不再去街头买豆浆，而是喝上刚刚榨出来的纯正豆浆啊！当妈妈将热气腾腾的豆浆端上来的时候，看着手舞足蹈的孩子，哪个妈妈会不开心呢？"一种做妈妈的价值感油然而生，会激发为人父母的消费者的购买欲望。

3）归属感

归属感实际就是贴标签，无论你是成功人士、时尚青年，还是小资派、非主流，每个标签下的人要有一定特色的生活方式，他们使用的商品、他们的消费习惯都表现出一定的文化特征。

比如，对追求时尚的青年，销售汽车的文案可以写："这款车时尚、动感，改装也方便，是玩车一族的首选。"对于成功人士或追求成功的人士，销售汽车的文案可以写："这款车稳重、大方，开出去见客户、谈事情比较得体，也有面子。"

4）从年龄分析用户需求

不同的消费者有着不同的信息关注点，进直播间的观众，性别、年龄、需求点都可能存在不同之处，自然他们对于产品的关注重心也会不一样。例如，同样一件长裙，对于年轻女性来说，会看重它的美观性，而对于年纪较大的女性来说，会更加关注服装的实用性。

这时，主播就要学会了解粉丝的年龄等个人情况，从而判断她们的关注点、分析她们的购物心理，在货源选择时，就要有侧重点。如图5-5所示，通过主播在直播间展示的服装风格就大致可以了解她的粉丝的群体类型。

图5-5　不同主播粉丝群体类型不同

5）从市场潮流分析用户需求

由于服装行业的发展迅速，大众对于服装款式、风格的更新速度也越来越快。有些款式，在上个月是流行趋势，引发众人购买，非常畅销，结果这个月这个款式很可能就已经落伍，没有人愿意购买。

对于快销服装品牌来说，需要时刻保持服装款式的新颖、流行化，而对于服装主播来说，虽然也需要时刻保持服饰的新颖和流行，但是也需要考虑市场的服装风向。主播只有了解了市场服装风向，才可以满足顾客、粉丝的需求。同时，主播也能避免自己的服装还没准备好就在直播间向观众、粉丝介绍推荐。

5.1.4 筛选产品，了解市场

主播在选择服装商品的时候，最好学会自主选品。因为只有商品选得合适恰当，才能保证它的销售情况和转化率。选品，实际上是为平台匹配的兴趣用户选品。在找到精准的受众群体后，需要根据受众群体进行选品。它要求主播在推销一款产品前，要对产品有基本的了解，并判断市场的需求。

选品的原则，第一，主播自己要喜欢，只有主播自己喜欢的才能更好地向粉丝们推荐。第二，根据主播适合的风格来选品。第三，选择商品的同时也要注意产品的质量。

例如，如果主播特别擅长小个子体型的搭配技巧，那么在服装的选择上就应该尽量避免那些长款类的服装。如果主播偏微胖体型，那么在选品上就可以倾向于版型较修身服装。图 5-6 所示，为微胖主播在直播间售卖服装。

图 5-6 微胖主播在直播间售卖服装

5.1.5 营造紧迫，催促购买

主播要把握直播节奏，直播节奏过慢，用户就会直接划走。主播在上链接吆喝用户购买时要富有激情，给用户营造一种太实惠了，赶紧买，不买就没有了的紧迫感。很多优秀的主播在倒数"1、2、3上链接"的时候，用户就会一拥而上，产品会瞬间售罄。

这就是主播通过制造紧迫感，让用户争抢购买。很多用户看到那么多人买，就觉得产品一定很好，也想要买，这就是典型的羊群效应。羊群效应的意思就是人的跟风心理，就像走在路上看到某家小吃店购买的人很多，生意很火爆，自然也想试一试一样。

如图5-7所示，主播正在催促用户下单，下单以后可以参与活动，用户在评论下方发"我要310号包包"截屏抽奖，中奖的用户可以免费领取包包。直播间很多想中奖的用户纷纷下单。产品买的人越多，就会吸引更多的人从众购买。

主播在用催促法时，一定要对自己的产品非常自信，让用户感觉到的确划算、实惠，给用户施加一种压力。

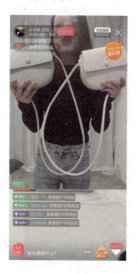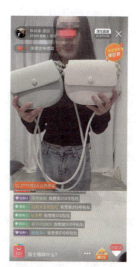

图5-7 主播催促用户下单

5.2 产品介绍，快速圈粉

带货主播的重点就是用生动的语言介绍产品。主播要让用户看到自己对产品的了解、对待卖货这件事的认真。主播只有用专业的知识来征服用户，用户才能欣赏主播、喜欢主播。

5.2.1 介绍时间，5分钟内

主播介绍一款产品的时间不能过长，因为有些用户可能对主播当前介绍的产品没有购买意向，如果主播还一直不停地介绍这款产品，用户可能就会离开。所以主播要在最短的时间内，突出产品功能，打动用户的心。主播如何快速地介绍产品？有以下两点技巧。

一是主播在直播之前就记住产品的优势、性能等，加快自己的语言速度；二是通过主播亲身体验产品，证明其优势和功能。

例如，主播"知了"在抖音直播间售卖复古裙。为了让观看直播的用户更加直观地了解这款产品，主播身穿一件黑色的复古裙，助手身穿黄色的复古裙，两个人试穿不同颜色、不同大小但同一款样式的衣服，让用户更加直观地了解产品。

5.2.2 自我介绍，突出特色

生活中，我们很大一部分是通过语言和行动了解一个人的性格，主播如果想让众多用户去了解你、认识你，最初的自我介绍就显得尤其重要。主播在进行自我介绍时要突出自己的特色和优点，让用户快速记住你。例如，抖音某主播从小就有一些龅牙，在自我介绍时主播就提到了自己从小就有龅牙的特点。

5.2.3 价格圈粉，优惠互动

如何快速圈粉？除了提高主播自身的实力以外，主播还可以以优惠的价格让用户直接参与到举办的直播活动中来。直播间价格便宜、产品保真，自然能长期吸引用户观看和购买。

优惠活动一般有优惠券、抽红包、拼团、秒杀等优惠活动，优惠活动能够激起用户的潜在购买需求，使用户产生购买欲望和购买冲动。如果用比平时便宜的价格买到自己心仪的产品，用户会从中感觉到快乐。

优惠活动有多重要呢？李佳琦曾在直播间怒怼品牌方，由于李佳琦和薇娅直播同一个品牌的产品，而薇娅直播间比李佳琦直播间便宜了5元钱。5元钱看起来并不多，但是对于主播来说，口碑大于一切。李佳琦知道以后，为了让用户买到最便宜的产品，就停止售卖该产品，让用户去其他直播间购买。

由此可以看出，主播一定要给到用户最便宜的价格，才能长期吸引用户。主播只有让用户觉得产品划算，才能促使他们长期关注直播间并消费。

5.2.4 质量圈粉，售后保证

主播介绍完产品的价格，有些用户可能会觉得产品降价了以后，质量就没有那么好了，所以主播在销售过程中，不仅要让用户对产品放心，还要对用户作出保障承诺，正是有了售后的服务和承诺，才使得用户更加相信主播和产品。

主播要详细地为用户讲到售后，尤其是手机、电脑、移动硬盘等价格偏贵、容易损坏的产品，并且有些产品退回的时候还包运费，这些贴心的服务会让用户认为就算产品不好可以退回去，自己的利益也不会有很大的损失，进而放心购买。

主播在讲解售后时，越详细越好。譬如：向用户承诺商品售出之日起7日之内，消费者可以选择退货、换货、修理。产品自售出之日起15日内，发生性能故障，消费者可以选择换货或者修理。产品售出一年，正常使用情况下由于产品本身质量问题引起故障，售后服务中心免费维修更换配件。

主播对售后信息介绍得越详细，就越能让用户产生信任感。图5-8所示，为"飞利浦旗舰店"直播间主播正在为用户解答关于产品售后问题。当用户提出"不好可以换吗"等售后问题时，主播进行了耐心的解答。

图5-8 主播正在为用户解答关于产品售后的问题

5.2.5 点出产品，介绍链接

对于直播来说，它终归还是要通过盈利来实现自己的价值。带货主播的目的还是希望能够把产品销售出去。主播想让受众接受某一产品并购买，首先应该让他们全面了解产品。

因此，在直播过程中，主播需要把产品放在旁边，在讲话或进行某一动作时把产品展现出来。主播在介绍宝贝的同时，一定要告诉用户当前介绍的产品在几号链接。

例如，抖音主播"蒋丽莎Lisa"在直播售卖"稚优泉"口红的时候，采用语言表达和手势表达相结合的方式推荐产品。主播说："这款产品在 2 号链接，宝宝们。1994 号口红烂番茄色非常显白。"边介绍边伸出两根手指，向用户指出产品的链接。

5.2.6　试用产品，介绍性能

为了能让用户对产品有更加直观的感受，主播的试吃、试穿、试用都是站在用户的角度，给用户呈现最真实的产品样貌。

图 5-9 所示，为主播在镜头面前涂抹化妆品。图 5-10 所示，为主播在直播间试穿换衣。通过实时直播，用户可以看到产品用在主播身上的真实效果，进而考虑是否购买产品。

图 5-9　主播在直播试用化妆品　　　图 5-10　主播在直播试穿衣服

5.2.7　专业圈粉，详细介绍

带货主播最重要的技能就是学会解析产品，有些主播反其道而行之，在直播间不说话，但是效果并不是很好。短暂的不说话用户还能接受，但是长久的不说话，用户根本不了解产品的性能，更没有看到产品的优惠活动，自然就不会购买。

例如，抖音主播"二饼"在直播间挂满了牌子，牌子上写着"粉丝 10 万说话，不说话直播挑战，点点关注"，主播举着牌子望着镜头，进行"不说话直播"挑战，如图 5-11 所示。

这样的主播还有很多，如图 5-12 所示，为两位主播并不说话直播售卖产品。牌子上写着"小黄袋"所有产品限时马上抢。但是主播不说话并不能够帮助用户了解产品，用户往往只是看一眼直播间就划走了，很少有点开小黄袋购买产品的用户。

图 5-11 "二饼"进行主播带货"不说话"挑战　　图 5-12 主播不说话直播售卖产品

5.3 做好预告，流量暴增

对于服装类的新主播来说，首先要将准备工作做好。在直播中，预告不仅是直播准备中的首要步骤，还是很重要的一步，也是很多新主播最容易忽视的一步。

那么关于直播预告有什么技巧呢？笔者在本节内容中将为大家详细介绍关于流量暴增的技巧，主要分为以下 6 个步骤。

（1）预告封面。
（2）预告时间。
（3）预告标题。
（4）直播地点。
（5）预告宝贝。
（6）直播标签。

5.3.1 预告封面，提高曝光

直播的封面很重要，直播预告的封面也是主播们应该认真研究的，封面能够提高直播点击和展现的比例。所谓点击量，就是被点击的次数；所谓展现量，指的就是一天内被展现了多少次。

举个例子,如果淘宝平台给同一个层级的 A 主播和 B 主播各 100 个展现量,A 主播的封面点击量为 50 次,B 主播的封面点击量为 20 次。那么 A 主播的点击展示比为 50∶100,也就是 1∶2;B 主播的点击展示比为 20∶100,也就是 1∶5。

这样一来,在其他条件相当的情况下,A 主播的权重就比 B 主播高了(淘宝权重是淘宝综合排名的一套打分系统,得分越高,权重越高,相对的宝贝的排名也就越高。得分的高低,决定了权重的高低,权重的高低决定了宝贝排名的高低)。

那么具体应该如何提高封面图的点击展示比呢?笔者建议主播在直播间中引导粉丝,让粉丝从"精选"页面点击进入直播间。

设置封面图时,要利用人的视觉习惯。人的视觉焦点通常在一张图片上横向 1/3 处和竖向 1/3 处的交叉处,也就是左上角。图 5-13 所示,为封面图的正确示范,这个封面的焦点就重点展示人物的面部。

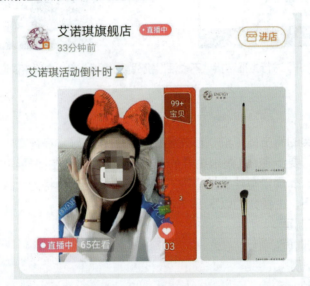

图 5-13 主播直播预告封面

如果持续一周使用相同的封面图,那么就会被平台认为是无效的低质量内容,但是经常更换封面图又会产生风险,特别是对新主播来说,频繁更换封面图会导致一些新粉丝的流失。

那么应该怎么做才能解决这一情况呢?笔者推荐大家一个方法,即更换封面图名称。其具体方法如下:在电脑端上传封面图,并命名为"A",使用一周之后,将文件名改为"B",并再次上传。只更改名字即可,这样一来,淘宝平台就会认为这是一个新的封面图。除了更换文件名称之外，还可以更改封面图的文件大小、类型等，这些方法都能有效避免被平台定位为无效内容。

5.3.2 预告时间，避开竞争

不管在什么直播平台，都会面临一种情况，那就是每天开直播的主播人数多，而且同一时间段开播的直播间也多，大家一起聚集在同一时间段开播，无疑增加了和其他主播的竞争压力。对于新主播来说，最好是避开其他大主播的预告时间和开播时间，因为只有减少竞争对手，才会获得更多流量曝光的机会。尤其是一些流量注入较大的时间段，比如晚上 19 点，这个时间段是下班时间，很多用户会观看直播视频。为此，很多主播也在这个时间段开播，以此获得多一点的流量注入。

对于中等以下的主播来说，这个时间段很难抢到稳定的流量。所以，主播为了避免这种情况的产生，可以主动避开这些高人流聚集的时间段，从而减轻和其他主播竞争的压力。主播必须让用户知道你的直播时间，进而长期关注你。

例如，在直播过程中，主播也可以反复提醒用户自己固定的直播时间，如图 5-14 所示，该主播把自己的直播时间写在了黑板上。还有些淘宝主播则是把自己的直播时间放在了淘宝店的上面，如果有用户想要观看直播，可以点击"开播提醒"，如图 5-15 所示。

图 5-14 主播将直播时间写在黑板上

图 5-15 淘宝页面上的"开播提醒"

5.3.3 预告标题，使用热词

好的标题才能让浏览者点进去查看直播内容，让直播上热门。掌握一些标题创作技巧也就成了每个主播必须要掌握的核心技能。撰写预告标题要注意什么呢？笔者认为有以下几点。

（1）标题字数控制在 12 个字以内，24 个字符为准，严禁在标题上显示折扣信息以及任何特殊符号等。

（2）标题的拟定要符合粉丝工作生活中经常看到的场景，这样能够让粉丝产生画面感，引起粉丝的共鸣，让粉丝觉得你说的内容和他有关，甚至让他感觉讲的就是他，从而引起他关注并且激发他按时观看的欲望。

（3）文字内容要简单简洁，同时直击要点，把最吸引人的点展现出来，一般主播都是把粉丝最关心的"痛点"放在标题中。

（4）在预告标题设置时，标题还需要有承诺性、新闻感、能引发粉丝好奇心的特点，这样才能更好地吸引目标用户对直播内容进行了解，从而主动等待正式播放时的内容。在标题中突出活动主题，可以达到吸引目标群体观看的效果。

（5）清晰地描述主题和直播内容，能让用户提前了解直播内容，同时便于平台工作人员挑选出好直播内容进行主题包装推广。

例如，淘宝主播"烈儿宝贝"在每次下播之前，不仅细心地提醒用户明天同一时间继续收看，有时还拿来明天要直播的全部商品，给大家一一展示，如图 5-16 所示。主播预告展示的宝贝数量越多，越能匹配到更多的用户，吸引更多的用户来关注。

图 5-16　主播进行产品的预告展示

（6）包含具体内容亮点。在直播预告中上传直播中要分享的商品，能让用户产生兴趣，还能通过大数据分析，帮直播内容进行用户匹配，获得更精准的用户流量。在预告标题中要突出直播亮点。

例如，图5-17所示，为"周大福官方旗舰店"请专家讲解产品。图5-18所示，为主播在文案中向用户展示穿搭技巧，吸引用户关注直播间。图5-19所示，为"马克华菲官方旗舰店"邀请"蜜蜂少女"来直播间直播，利用明星来为直播间宣传。图5-20所示，为"MG小象欧美街拍时尚"举办店铺十周年福利活动，用优惠福利吸引用户。这些都属于直播预告标题的亮点。

图5-17　专家讲解产品

图5-18　主播展示穿搭技巧

图5-19　"蜜蜂少女"来直播间直播

图5-20　店铺十周年福利活动

评判一个直播预告标题的好坏，不仅仅要看它是否有吸引力，还需要参照其他的一些原则。在遵循这些原则的基础上撰写标题，这些原则具体如下。

1. 用户换位原则

主播在拟定文案标题时，不能只站在自己的角度去想要推出什么，更要站在受众的角度去思考。也就是说，应该将自己当成受众，如果你想知道这个问题，你会用什么搜索词去搜索这个问题的答案，这样写出来的文案标题才更接近受众心理。

因此，主播在拟写标题前，可以先将有关的关键词输入搜索浏览器中进行搜索，然后从排名靠前的文案中找出他们写标题的规律，再将这些规律用于自己要撰写的文案标题中。

2. 文案新颖原则

文案标题写作要尽量使用问句，这样比较能引起人们的好奇心，比如，"谁来'拯救'缺失的牙齿"这样的标题更容易吸引读者。文章标题创作时要尽量写得详细、细致，这样才会有吸引力。

例如，该主播在预告中提到，该产品试穿以后，显得怎么这么瘦？以问句的形式体现了裤子显瘦的优势，如图 5-21 所示。

图 5-21 主播在直播预告中使用问句吸引用户

3. 凸显主题原则

有一句俗话说得好："标题决定了 80% 的流量。"标题如果足够吸引人就等于成功了一半，衡量一个标题好坏的方法有很多，而标题是否体现视频的主旨就是衡量标题好坏的一个主要参考依据。

如果一个标题不能够做到在受众看见它的第一眼就明白它想要表达的内容，由此得出该视频是否具有点击查看的价值，那么受众在很大程度上就会放弃查看这篇文案。文案标题是否体现文案主旨会直接影响直播的营销效果。所以，主播要想让自己的直播间更加热闹，那么一定要多注意文案的标题是否体现了其主旨。

4. 关键词组合原则

通过观察，可以发现能获得高流量的文案标题，都是拥有多个关键词并且进行组合之后的标题。这是因为只有单个关键词的标题，它的排名影响力不如多个关键词的标题。

例如，如果仅在标题中嵌入"面膜"这一个关键词，那么用户在搜索时，只有搜索到"面膜"这一个关键字，文案才会被搜索出来，而标题上如果含有"面膜""变美""年轻"等多个关键词，则用户在搜索其中任意关键字的时候，文案都会被搜索出来，标题"露脸"的机会也就更多了。

进行文案标题编写的时候，主播需要充分考虑怎样去吸引目标受众的关注。而要实现这一目标，就需要从关键词着手，考虑关键词中是否含有"词根"。

"词根"指的是词语的组成根本，只要有"词根"，我们就可以组成不同的词。短视频运营者在标题中加入有"词根"的关键词，能将文案的搜索度提高。

例如，一个直播预告标题为"最暖、最百搭、最减龄、最多色的一件帽衫！"，如图5-22所示。这个标题"帽衫"就是"词根"，根据"词根"我们可以写出更多的与帽衫相关的标题。如图5-23所示，"科勒官方旗舰店"也是采用了问句的方式，吸引用户关注一个问题，"浴室到底要不要装浴缸"，进而推荐产品。

5. 福利型标题原则

福利型标题是指在标题上向受众传递一种错过你就亏了的感觉。一般来说，福利型标题准确地把握了用户贪图利益的心理需求，让用户一看到"福利"的相关字眼就会忍不住想要了解短视频的内容。

要尽量将利益写出来，无论是读者阅读这篇文案后所带来的利益，还是这篇文案中涉及的产品或服务所带来的利益，都应该在标题中直接告诉读者，从而增加标题对读者的影响力。

福利型标题的表达方法有两种，一种是比较直接的方法，主播标题直接有"福利"两个字。另一种则是间接的表达方法，通过"超值""优惠"等词表达福利的意思。虽然方法不同，但是效果相差无几。

图 5-22　主播在直播预告中使用问句吸引用户　　图 5-23　"科勒官方旗舰店"推荐浴缸

值得注意的是，在撰写福利型标题的时候，无论是直接型还是含蓄型，都应该了解受众最想得到的福利是什么，点名提供的优惠、折扣和提供的福利信息一定要真实可信。例如，主播在直播预告中间提到在直播间会发优惠券，如图 5-24 所示。

主播还会在预告中间做活动，主播发起"点赞福利"关注账号，点赞本条内容活动，就有机会获得满 10.01 减 10 元的优惠券，如图 5-25 所示。

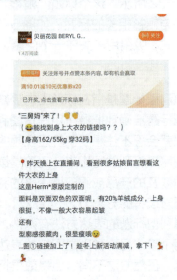

图 5-24　预告中间提到直播间会发优惠券　　图 5-25　在预告中间发起"点赞福利"

福利型标题通常会给受众带来一种惊喜之感，试想，如果短视频标题中或明或暗地指出含有福利，你难道不会心动吗？

6. 价值型标题原则

价值型标题是指向用户传递一种只要观看直播，就可以掌握某些技巧或者知识。这种类型的标题能够引起受众的注意，用户对内容感兴趣，就会去直播间看一看、听一听主播所讲的知识。

在打造价值型标题的过程中，往往会碰到这样一些问题，比如"什么样的技巧才算有价值""价值型标题应该具备哪些要素"等。那么价值型标题到底应该如何撰写呢？

通过比较夸张的手法突出价值，懂得一针见血地抓住受众的需求，重点突出技巧知识点好学好用。价值型标题通常会出现在技术类的文案之中，主要是为受众提供实际好用的知识和技巧。

例如，账号名叫"海蒂和噜噜的花园"的主播，在直播预告中提到，"今晚直播要给大家讲解 70 个绣球品种以及回答大家关于绣球的各种问题"，这种价值型预告就会吸引很多喜欢种花的用户，如图 5-26 所示。

7. 冲击性话题原则

冲击力作为力量范畴中的一员，撰写中有着它独有的价值和魅力。所谓"冲击力"，即带给人在视觉和心灵上的触动的力量。

在具有冲击力的标题撰写中，要善于利用"首次"和"比 XX 还重要"等类似的比较具有极端性特点的词汇，因为受众往往比较关注哪些具有特别突出特点的事物。"首次"和"比 XX 更重要"等词汇是最能充分体现其突出性的，往往能带给受众强大的戏剧冲击感和视觉刺激感。

值得注意的是，在撰写标题时，主播不能为了吸引用户而制作夸张或者虚假的标题，比如"一分钟一定能够学会 XX""3 大秘诀包你 XX"等。主播要把握好度，要有底线和原则。

8. 好奇性原则

好奇是人的天性，悬念型标题就是利用人的好奇心来打造的，首先抓住受众的眼球，然后提升受众的阅读兴趣。

标题中的悬念是一个诱饵，引导快手、抖音用户查看短视频的内容，因为大部分人看到标题里有没被解答的疑问和悬念，就会忍不住进一步弄清楚到底是怎么回事，这就是悬念型标题的套路。

悬念型标题在日常生活中运用得非常广泛，也非常受欢迎。人们在看电视、综艺节目的时候也经常看到一些节目预告之类的广告,这些广告就会采取这种悬念型的标题引起观众的兴趣,利用用户欲望制造悬念,勾起用户的好奇心。

9. 产品功效型原则

宣传产品的特质、销售量,如果让用户感觉到产品的价值高,用户自然就会好奇产品是什么样子的。例如,主播在发布直播预告中,将产品的优势一一展现,V脸洁面仪深层清洁皮肤,呵护肌肤油脂等有关产品功效的字眼,如图5-27所示。

图 5-26　主播的价值型预告　　　　图 5-27　展现产品功效性的预告

10. 名人热点事件

借势一般都是借助最新的热门事件吸引受众的眼球。一般来说,时事热点拥有一大批关注者,而且传播的范围也非常广。

在打造借势型标题的时候,要注意两个问题:一是带有负面影响的热点不要蹭,大方向要积极向上,充满正能量,带给受众正确的思想引导;二是最好在借势型标题中加入自己的想法和创意,然后将发布的短视频与之相结合,做到借势和创意的完美同步。

5.3.4　直播地点,自己定义

主播在进行直播预告的时候,可以在直播地点这个设置上进行自定义,输入一些非常有新奇、吸引人眼球的直播地点,比如"在火星"这类比较特别的位置,或者添加一些知名景点的位置,吸引人去点击直播。具体操作方式如下。

(1)进入"淘宝主播"APP首页,点击"主播入驻"按钮,如图5-28所示。

(2)点击"主播入驻"按钮以后,会进入"主播入驻"界面,点击"去认证"

按钮，根据要求进行认证，如图 5-29 所示。

（3）认证之后，重新回到 APP 首页，点击"手机直播"按钮，如图 5-30 所示。

（4）点击"手机直播"按钮以后，即可进入"创建直播"页面，自行输入内容即可，如图 5-31 所示。

图 5-28　主播入驻

图 5-29　主播进行认证

图 5-30　点击"手机直播"

图 5-31　在"创建直播"里更改直播地点

5.3.5 预告宝贝，产品上新

主播在发布直播预告时，进行购物袋宝贝准备时，必须上传3个以上的宝贝，否则不能发布。下面向各位读者介绍一下如何在手机上发布直播预告时添加宝贝和关于添加宝贝后的一些常见问题。

创建直播预告的步骤，具体步骤如下。

（1）打开淘宝主播 APP 首页，点击"创建预告"按钮，如图 5-32 所示。

（2）点击"创建预告"按钮以后，即可进入"发布预告"页面，主播在发布预告页面上填写直播信息即可，如图 5-33 所示。

图 5-32 点击"创建预告"按钮　　图 5-33 在"发布预告"页面填写信息

添加宝贝的具体步骤如下。

（1）打开淘宝主播 APP，进入 APP 账号后台，点击"手机直播"按钮。

（2）点击"手机直播"按钮以后，即可进入"创建直播"界面，在界面中根据个人实际情况填写相关信息，点击页面中"添加宝贝"选项。

（3）点击"添加宝贝"选项后，即可进入"添加宝贝"界面，点击左上方的"+"按钮，如图 5-34 所示。

（4）点击"+"按钮以后，就可以直接进入"选择宝贝"界面，在出现的宝贝商品前，选择需要上传的宝贝。勾选商品前的圆圈，点击"确认"按钮，如图 5-35 所示。点击界面右下方的"确认"按钮后，就会显示宝贝添加成功。

另外，在实际操作中，还有以下几点是主播们需要注意的。第一点，预告的视频最好不要带有水印和字幕。第二点,视频的尺寸必须为16:9。第三点,视频的画面尽量整洁,突出重点,体现预告产品。

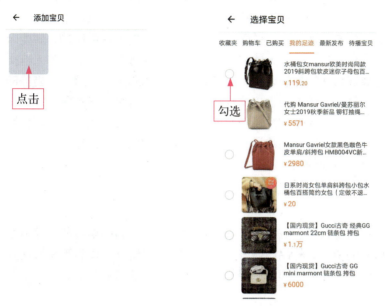

图 5-34 "添加宝贝"页面　　图 5-35 在"选择宝贝"页面勾选链接

5.3.6 直播标签,获得流量

直播预告中的标签和关键词有着异曲同工之妙,选择适合自己的标签才能吸引更多用户。直播预告中的标签和其他数据共同决定着直播间的流量,每一个标签都有着对应的标签总流量。也就是说,一个同样的标签,其他数据更优的主播,能够分配到的流量就更多。

登录阿里指数官方网站,进入网站后,单击"行业指数"按钮,选择查询时间,即可看到搜索榜以及涨幅榜截图。由涨幅图我们能看出,阿里指数可以为品类垂直的主播或商家带来很大的便利,比如连衣裙、裤子、毛呢外套、马夹、大码女装等。标签选择得好,可以为直播带来很好的搜索排名。

在不同的标签下,所关注的人群类型是不一样的,选择好合适的标签,就可以增大自身直播的推广力度,让更多的人有机会看到自己的直播。通过设置主播标签,可以扩大直播间的被搜索力度,关于服装的直播标签有以下几类。

(1)【穿搭】每日上新、当季新款、大码穿搭、小个穿搭、港风潮牌。

(2)【母婴】奶娃有招、孕妈专区、童鞋童装。

(3)【买全球】港澳台站、日本站、韩国站、东南亚站。

（4）【美妆心得】彩妆种草机。

在挑选标签时，首先选择好直播栏目，再在栏目里根据自己的实际情况进行标签的选择，或者根据自己直播所面向的群体类型，选择直播标签，这样有利于吸引目标群体来关注点击。关于直播预告标题也是大有讲究的，想要吸引人的注意力，好的标题最能吸引人的兴趣。在不同的标签下，所关注的人群类型是不一样的，选择好合适的标签，就可以增大自身直播的推广力度，让更多的人有机会看到自己的直播。通过设置主播标签，可以扩大直播间的被搜索力度。

预告的标题不仅是写给用户看的，还是写给平台的系统看。写给用户看需要使用一些热词，因为网络热词可以达到吸睛的效果，通过标题引起用户的兴趣，从而可以提高直播间的点击率和转化量。

5.4 如何选择，优质货源

除了将直播预告做好，对于服装直播来说，还有很重要的一点就是选品。只有选择优质的货源，将品质做好，才能持续连接粉丝。本节笔者将从6个方面向大家详细介绍主播应该如何选择优质货源，更好地售卖产品。

5.4.1 直播货品，基本分析

在选品之前，我们要对直播货品进行基本分析，在直播间上新商品时，有以下两个要点是新主播需要格外注意的。

（1）直播间分享的商品，必须在店铺内已上架两天以上。举个例子，如果店铺在4月1日上架了新品，那么这件商品在4月3日才能出现在直播间。当然，如果主播或商家不想产品发布的当天就上架出售，可以设置定时上架。

（2）并不是所有直播间中的商品都受选品规则的限制，其中，直播间已发布商品总数的20%可以不符合商品规则类目。

5.4.2 商品受众，用户分析

有些主播本来就有一些粉丝，并且自带流量，但是却没有货源。这类主播如果要通过直播的方式进行变现，在选择货品的时候需要判断自己粉丝群体的情况，对粉丝的情况做一个详细分析。那么用户画像的维度包括哪些方面呢？如图5-36所示，具体可以从社会属性、兴趣属性、消费特征以及社交数据等方面入手。

根据以上4个纬度对粉丝做好用户画像之后，主播可以对粉丝进行人群细分，确定核心人群，在选择服装的时候可以有针对性地选择粉丝喜欢的类型。

不同的群体所喜爱的类型不同，消费阶层不一样，品质的追求也会有所不同。对粉丝做好充分的了解，进而选择符合受众的商品，才能更好地带货、变现。

用户画像 4 种维度
- 社会属性：社会属性主要包括年龄、性别、受教育程度、职业、收入水平、身高、体重等基本信息
- 兴趣属性：兴趣属性包括浏览内容、收藏内容、购物偏好等
- 消费特征：消费特征主要是指和消费有关的特征，一般以收入的水平进行划分
- 社交数据：相关数据包括粉丝的圈子、兴趣爱好、互动行为等

图 5-36　用户画像 4 种维度

5.4.3　商品主播，内容适配

商品和主播之间，也要有一定的匹配度。首先，主播不能对商品反感，做主播要有自己的认知，并对商品具有认同感，只有真心实意地向粉丝推荐，你的推荐才会更具有说服力。

除此之外，主播对商品的阐述不宜复杂，要在短时间内把商品的卖点与诉求有效地、清晰地表达给受众，并让受众产生需求，进而消费，乃至传播。就像手小的人卖鸡蛋，会卖得更快，因为手掌小会衬托鸡蛋大，自然就有很多人购买。简而言之，就是产品的特性和主播的风格相符合，两者相互映衬，就会更加吸引人。

比如商家在销售小清新风格的女装时，就选择年龄较小、身材姣好的主播进行直播，这样才能让商品和主播相匹配。如图 5-37 所示，为主播在试穿和介绍服装。

图 5-37　主播与产品适配

5.4.4　商品本身，特点分析

不是所有的商品都适合以直播的形式展现出来，适合直播的商品大致有以下 4 种，主播在选择直播商品时，应考虑商品本身的特点，然后再进行分析。图 5-38 所示，为适合直播商品的 4 种类型。

适合直播商品的 4 种类型
- 团购优惠产品：便宜
- 快消品：拥有广泛的消费群体，基本以快捷为目的
- 高质量产品：关注于制作过程、透明正规
- 品牌产品：知名度高、口碑好

图 5-38　适合直播商品的 4 种类型

例如，手机品牌"VIVO 官方旗舰店"直播有 1 万多人线上观看，很多用户都是因为信赖手机品牌而直接搜索直播，进行观看，如图 5-39 所示。

综上所述，主播推荐的商品，肯定是受众很明确的、性价比高、有质量、用途广，并且是与生活密切相关的具备某些功能、满足某些心理的商品。

图 5-39 "VIVO 官方旗舰店"直播

5.4.5 商品市场，容量分析

市场容量是指在不考虑产品价格或者供应商的前提下，市场在一定时期内能够吸纳某种产品的数目。

那么我们可以通过哪些方法调研商品的市场容量呢？笔者总结了 4 种方法。

（1）搜索商品关键词，会显示出商品的总数量。总数量越大，那个商品的竞争就越大。

（2）点击目标商品所在的大分类和细分类，查看热销商品。

（3）利用辅助工具查询热销产品前 10 个月每一个月的销量，看完销量看评价。

（4）查看新品和用户期望的商品。

接下来我们来看商品的利润。利润绝对值大的商品更值得选择，特别是对于一些在资金上没有优势的卖家来说，利润绝对值大的商品能支撑卖家走得更远。一件能挣 50 元的商品，和一个能挣 100 元的商品，哪个能支撑得更久呢？虽然后者能挣到的钱更多，但前者的利润绝对值更大，因此前者能够支撑得更久。

产品的高利润率并不能表示可以赚到钱，只有利润绝对值高的商品才能支撑得起运营和推广。除此之外，还需要把控成本。控制成本能让自己的商品更具有竞争力。

有些商品是具有地区优势的，比如福建的鞋子、皮包，广州的服饰，深圳的电子产品等。因此，主播或电商在选择商品和供应链时，要避免选择容易断货和厂家不打算再生产的产品，以保证能够持续供货。

5.4.6 自主选品，把握技巧

有些主播的货源不丰富，或者主播所在机构的货品更新速度过慢。新主播在直播的前期，如果遇到货源短缺的情况，笔者建议主播进行自主选品。本小节笔者将教给大家自主选品的方法是利用淘客链接赚佣金，具体方法如下所述。

淘宝的佣金计划有两种，即通用计划和定向计划，其中定向计划又分为公开计划和隐藏计划，那么到底是什么意思呢？

1. 通用计划

通用计划也称为默认计划，所有的淘宝客都能参加并推广。这个计划没有门槛，佣金为1%~5%。如果需要修改佣金，在修改之后的次日才会生效。因此笔者建议主播们在推广前的1~2天就让商家设置好佣金，否则佣金不生效，主播是没有收入的。

这一计划不需要申请，主播直接将商品放在直播间，用户通过直播间达成交易，主播就可以获得收入。这一方法适用于自购商品类的直播推广。

2. 定向计划

定向计划分为两种，具体分析如下。

（1）定向公开计划：定向公开计划是卖家为淘宝客中某一个细分群体设置的推广计划，可以让淘宝客通过阿里妈妈前台看到推广并吸引淘宝客参加，这就是定向公开计划。

定向公开计划需要申请，有些卖家不需要人工审核就可以直接通过，有些卖家则需要人工审核才能通过，所以主播在申请以后要仔细确认一遍。如果是人工审核，需要主播催卖家通过，因为通过后才能拿到高佣金，否则只能拿到通用计划的低佣金。

（2）定向隐藏计划：定向隐藏计划也可以卖家不公开，即与部分重点合作的淘宝客协商好，让此部分淘客获取较高的佣金。定向隐藏计划和定向公开计划一样，也需要申请，所以主播在申请以后也需要仔细确认。

第 6 章
准确表达，口才训练

学前提示

俗话说，你一开口，别人就知道你是一个什么样的人。这句话正面地表达了语言表达的重要性。

对于主播来说，运用准确、巧妙的语言，与粉丝互动交流是必不可少的。本章告诉你，主播应该如何提高即兴口才，以便于更好地和用户沟通。

要点展示

- 表达之前，学会倾听
- 构思安排，即兴主题
- 表达形式，适合自己
- 即兴表达，注意事项
- 锻炼口才，沟通话术

6.1 表达之前，学会倾听

在进行即兴表达之前，要先学会倾听。倾听不仅能让我们了解一个人性格的方方面面，还能让倾诉者感觉到自己被尊重。

比如，美国著名心理学家和人际关系学家戴尔·卡耐基曾经去纽约参加一场晚宴。在这场晚宴上，他遇到了一位世界知名的植物学家。戴尔·卡耐基在和这位植物学家交流的过程中，并没有高谈阔论，只是全神贯注地倾听。等到晚宴结束以后，这位植物学家向主人极力称赞戴尔·卡耐基，他认为卡耐基是一个善于倾听并且会鼓舞倾诉者的人。

由此我们看出，主播在侃侃而谈的同时，也要学会倾听用户的声音。滔滔不绝让用户插不上话的主播，往往给人一种自我为中心、独断、不在乎别人看法的感觉。一个人滔滔不绝，反而是在阻塞沟通的道路。主播要想说服用户，就要先倾听用户的需求，双向沟通，才能进行有效的交流。

英国文豪托马斯·卡莱尔曾经说："雄辩是银，沉默是金。"所以主播和用户建立良好的关系，一定要通过语言去了解对方。对于主播来说，不说话和说话同样重要，在不说话的时候去了解对方，不了解情况，说错话反而会使自己长久积累下来的口碑消失，给人造成更加糟糕的印象。

倾听是一种很好的品德，从别人的言语中了解别人心中所想、了解别人的个性。学会倾听能够加强人与人之间的沟通，主播通过倾听用户的意见和建议，改变自己说话的方式，可以使用户更容易接受自身传达的信息。

6.1.1 针对话题，实时回复

主播，有两个关键点，主导和说话。那么主播如何主导自己的直播间呢？有一种非常实用的方法就是及时互动。主播在直播过程中可以关注直播间的评论，就其中主要的问题进行回复。

例如，湘阴县长在拼多多直播，在直播过程中介绍湘阴菜籽油等特色农产品，并且现场做起了凉拌菜，还介绍了当地特色美景。

在介绍过程中，有很多网友询问"菜籽油是怎么制作的""菜籽油只能做凉拌菜吗"等，县长在评论区选择一些普遍的问题，进行了回答和讲解，并且对产品的质量、湘阴县的风景都进行了宣传。直播结束后，4.5升的长康清香冷榨菜籽油、4升的长康绿态压榨菜籽油，截至当日已售出超过两万桶。直播卖油预计能解决总种植面积超过万亩的农户的生计问题，还让更多人更好地了解了湘阴县这个生产菜籽油的地方。如图 6-1 所示，为县长主播积极回复用户评论。

关注直播间的评论不仅能和用户保持互动，还能了解用户需求，为用户解答疑惑，从而更好地销售出产品。

图 6-1　县长主播积极回复用户评论

回复评论区，是对粉丝的一种尊重。当粉丝对你做出回应时，主播也要对粉丝的评论进行回复。回复粉丝的评论可以让主播和粉丝相互更加了解，让粉丝和主播建立起良好的关系。只有粉丝的需要被满足，给他带来幸福感、满足感，他才会支持你。

例如，主播"刘老根二丫"在直播过程中，跟粉丝进行了密切的交流。有粉丝说二丫人歌甜、才女等，主播对粉丝的评论一一进行了回复，如图 6-2 所示。

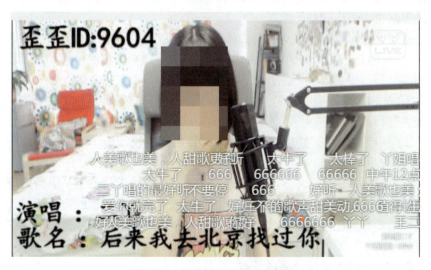

图 6-2　刘老根二丫回复评论区

及时回复粉丝评论，是做好一个主播的必要条件。回复粉丝评论能够和粉丝进行良性互动，让粉丝觉得自己被尊重、被关注。就像微信秒回消息，会让粉丝感觉到自己的重要性。反之，个性高傲，对粉丝的评论不回复，让粉丝觉得心寒，就可能离你而去。

6.1.2 表示兴趣，拉近距离

主播在面对直播间中各种不同类型的人时，心里难免会有一些距离。这时候我们就要找到用户感兴趣的话题。我们都知道，有相同兴趣的人更加容易走到一起。

主播可以抛出几个问题，例如，吃了中饭吗？你喜欢吃小龙虾吗？通过对相关话题进行提问，进而了解对方的生活习惯，了解用户的身份职业；通过对用户的了解，提出与用户相关的话题。

比如，你了解到该用户是一个大学生，你就可以与其讨论大学生活、大学生的娱乐方式、学校的学习氛围；遇到喜欢宠物的用户，主播可以对此表示感兴趣，表示自己也超级喜欢小动物，具体喜欢哪些动物等。

当用户发表自己的想法时，主播可以表现出有相同的感觉或者兴趣，从而与粉丝更快地拉近距离。

6.1.3 不同角度，提出问题

我们都知道，在学习过程中，学生向老师提出问题，会使学生对于所学知识的印象更深刻，同时会使学生和老师的关系更加融洽。在直播过程中也是如此，恰当地提问也会使你圈粉无数。

主播如何对粉丝进行提问呢？具体来说，可以从以下几个角度进行考虑。

（1）留意对方的闪光点，称赞式提问。例如，"你打游戏也打到王者了吗？好厉害。"

（2）从粉丝感兴趣的话题开始提问，例如，"你在看电视剧《夫妻的世界》吗？我也在看。"

（3）从自身角度开始提问，例如，"我最近去长沙玩，你们知道哪些地方值得一去吗？"

（4）自嘲式提问，讲述自身经历。例如，在《青春有你2》中蔡徐坤向一名学员提问，蔡徐坤问："你这里的特长是打篮球？你确定你的特长是打篮球，不只是你的爱好而已？我曾经也以为打篮球是我的特长，后来我才知道，这只是我的爱好而已。"蔡徐坤通过提问，进行自嘲，并且直面过去的黑历史，一下子拉近了与学员之间的关系，圈粉无数。

提出一个好问题，就是开启一个新的话题。提问的技巧，需要主播在长期的训练中逐步养成。例如，赵本山的女儿球球，在直播过程中会从自身角度开始提问，她经常会说她最近在拍戏，并询问粉丝，你们都过怎么样？如图 6-3 所示。

图 6-3 球球向粉丝提问

主播可以在与粉丝的交流中穿插自己的经历，在提问中了解对方，让自己和用户的话题有所交集。

6.2 构思安排，即兴主题

主播在策划直播内容的时候，可以想一些即兴的主题，以免直播间出现没有话题的情况。在刚开始做主播、积累粉丝的时候，要做好直播即兴表达的准备，了解自己粉丝喜欢什么，关注什么，增加知识面，才能有充足的信心去面对用户。不论是什么话题，主播都可以说上几句，都懂一点点，给用户的感觉是你什么都会，是一个有趣的主播。

例如，沈腾作为一个搞笑明星，经常在被观众叫上舞台即兴上表演节目。一个人的即兴表演能够看出这个人面对危机的反应和表演的专业素养。每次沈腾都以出人意料的表演逗乐全场。

对于主播来讲，舞台经验是不断地积累而来的，如果我们没有丰富的经验，就要做好准备，不仅要做好直播内容的准备，也要根据直播内容发散思维做好应急准备。

例如，准备一些当下时新的话题；多准备一些与粉丝互动的活动；聊一聊最新的电视剧、八卦和喜欢的歌；讲一些自己新买的衣服、最近发生的事情、搞笑的段子、脑筋急转弯等。主播做好即兴表演的准备，永远使自己的直播间充满乐趣。

6.2.1 话题联想，引发笑点

大部分用户观看直播就是为了娱乐，打发无聊的时间。对于这部分用户来说，只要有趣，任何话题都是好话题。当不知道该说什么时，主播可以通过联想，充分发挥想象力，与用户侃侃而谈，引发笑点、制造欢乐。

例如，游戏主播周淑怡在读邮件的时候，发现有一个粉丝经常发给自己同一张图片，并配文问自己，为什么给他签名签了一个火柴人。周淑怡说："你是觉得我的签名丑吗？哪里像火柴人了？"并吐槽这位粉丝在秀签名。

直到粉丝给主播发了一张图，如图 6-4 所示，为周淑怡粉丝制作的签名，左边是主播的签名，右边是粉丝制作的图片。

主播看到这张图哈哈大笑，并在直播间展示给其他粉丝，回复该粉丝太有艺术细胞了。原来，这位粉丝运用联想的方法，在签名上 P 了一个主播的头像，这样一看签名真的像火柴人了，而直播间的其他用户看到该图片之后也都笑了起来。

图 6-4　周淑怡粉丝制作的签名

6.2.2 提取关键，简明扼要

当我们看到用户滔滔不绝地发表自己的意见，而自己却又不知道该说什么时，可以从用户的说话内容当中提取关键词，寻找话题，进而引发自己的下一个话题。

例如，南波儿在电竞圈是比较火的女主播，因为她长相清纯可人，游戏操作好，所以深受广大用户的喜欢。南波儿经常在微博晒自己的美照，有一次南波儿晒出一张身着一袭白色纱裙的照片容貌姣好，但是照片里的南波儿小腿却有些粗壮。很多网友给主播留言，认为主播的腿好粗、长胖了等。

南波儿根据网友的评论，选择一个话题的关键词"腿粗"进行了回应，说照片小腿粗是因为角度问题。可以看到，在此过程中南波儿便是通过从粉丝的评论中提取关键词，并进行回复的方法，制造了下一个话题。

在淘宝带货直播也是一样，主播不用回复所有用户的评论，寻找一些常见的问题里的关键词，回答用户的疑惑即可。例如，主播就找到关键词"优惠活动"，主播就根据这个关键词回答用户关于产品优惠的问题，如图6-5所示。

图 6-5 主播回答用户产品优惠问题

6.2.3 询问自己，了解优势

当直播间即将面临冷场，主播不知道自己该说什么时，可以询问自己，最近自己发生了什么事情、自己有什么别的才艺、有什么想要表达的观点、还有没有其他可以讲述的内容，迫使自己开动脑筋。

主播可以通过问自己问题，了解自己的优势。例如，爱吐槽的papi酱、全能翻唱歌手冯提莫等，都是通过不断地自我探寻，找到自己擅长什么和喜爱什么，最后找到自己与众不同之处。

每一个主播都要掌握好自己的主题，通过自我询问，对自己的直播内容产生清晰的认识。在日常生活中，当你无话可说的时候，可以由周围的事物入手思考，通过询问自己，找到合适自己的方向和与粉丝沟通的技巧。

很多主播都通过自我询问和审视，找到了自己的直播方向。例如，哔哩哔哩的逆风笑，对很多游戏都有着自己独特的见解，内容风趣幽默。正是因为他找到了自己的风格，逐渐吸引了很多粉丝。如图 6-6 所示，为逆风笑的游戏直播。

图 6-6　逆风笑的游戏直播

6.2.4　转换角度，积极表达

作为一个有很多用户关注的主播，要对用户有一个很好的导向。面对粉丝的质疑，有些主播选择破口大骂，有些选择自嘲、用幽默的态度自黑来吸引粉丝。不同的态度，有不同的结果，选择破口大骂的主播，负面新闻会增加，选择自嘲自黑的主播，可能因为面对攻击，持乐观的态度而吸引用户。

有一则寓言故事，古代有一个国王，做了一个噩梦，梦到大山倒了，花也谢了。国王寻找王后解梦，王后说："这梦不吉祥，大山倒塌会砸伤人们，花谢了代表国家好景不长了。"国王被吓得一病不起。但是，有一个大臣进宫，面见国王说："陛下不必过于担心，山川倒了证明天下太平，再也没有山匪盗贼，花谢了见果子呀！"听完大臣的话，国王一下子变得开朗起来，他的病也就好起来了。

由此证明，转换表达角度能给人带来不同的心境。主播要为用户营造快乐的氛围，为更多的粉丝答疑解惑，使粉丝觉得充满希望。

6.3　表达形式，适合自己

主播在表达自己的时候，有不同的表达形式。总分总就是先总结文章，再分开一步一步展开写，最后再总结。分总就是分开写分论点，再总结。总分就是先总结文章，再写分论点。根据不同情况，主播可以使用不同的表达形式。

6.3.1 提出观点，分述论点

总分式，并不是单独运用的一种形式，它往往需要结合纵向式和横向式的表达。主播要想说服用户，要在开头提出论点，中间从不同的角度对论点分别进行论述，结尾总括论点。

主播在表达自己的观点的时候，通常会用几个分论点共同说明中心论点。分论点之间可以是并列关系、层递关系、对比关系等。通过分论点的论证，中心论点会非常牢固，更能够说服用户。很多游戏主播会运用总分总的方式解说游戏，运用总分总的表达形式，可以更快地帮助我们梳理好自己的观点，从迅速进行谋篇布局。

例如，在抖音平台售卖活珠子的主播，首先提出"活珠子煮一煮就能直接吃，活珠子和毛蛋不同，更有营养"的观点。然后主播开始向用户证明这个观点。

主播在镜头面前细细展示，并向粉丝讲解"活珠子"是正在孵化中的鸡蛋，是鸡蛋即将成型但还没有完全成型的时候，可以直接食用。而毛蛋是孵化不成功的鸡蛋，边说边吃了起来，如图 6-7 所示。

图 6-7 主播用总分总叙述方式销售产品

6.3.2 层层递进，细细铺垫

递进式，就是指层层深入地进行表达，可以由低到高，也可以由小到大、由轻到重。这种结构广泛地应用在即兴演讲当中。当演讲者一层一层地铺垫，慢慢循序渐进地表达，深化主题、烘托主题时，其中传递出来的情感就会更加强烈。

很多主播为了能够与观众感同身受，会选择递进式的表达方式。主播通过对自己故事的层层叙述，能够使用户感受到自己的毅力和坚强。在表达的时候，主播可以根据自己的表达主题，有意识地进行谋篇布局，这样说起话来就会条理清晰。

6.3.3 条理清晰，横向表达

横向表达法，就是主播把自己的观点横向一条一条地说出来，把所有的因素都罗列出来，然后逐条讲述。这种表达方式，能够穷尽话题的关键因素，让听众对于观点有更加清晰的认识。

主播可以运用横向式表达法，用1、2、3、4条理清晰地叙述自己的观点。主播的观点可以针对一个主题，条理清晰地叙述自己的观点。例如，某主播在介绍产品的时候，条理清晰，第一19.9有3个，第二产品尺寸超级大，第三这种编织品非常好搭配衣服，尤其是我们编织的这款包包，如图6-8所示。

图6-8 主播条理清晰地介绍产品

6.3.4 特定顺序，纵向表达

沟通结束以后往往有两种情况：一种是有效沟通，简单来说，就是你说的话被受众听懂了，记到心里了；另一种是无效沟通，也就是主播滔滔不绝说个不停，但是受众并没有很在意，也没有记到心里。主播采用纵向式的表达方式，可以使主播的叙述更加清晰，避免出现词不达意的情况。

因为纵向的表达，会有一个特定的顺序，有开头、中间和结尾 3 个层次的内容。比如，告诉粉丝自己上午吃了什么，中午吃了什么，晚上吃了什么，由此构成开头、中间和结尾。在叙事的时候，纵向的表达法可以使用户更有画面感。

6.4　即兴表达，注意事项

什么叫作即兴表达，就是当时的所思所想所感。即兴表达需要很强的知识储备，是一种临时性的、没有任何准备的表达。它需要表达者来不及做好深思熟虑就马上对当时的情况作出反应。

但是在神经高度紧张的环境下，人们很容易说错话，或者为了避免尴尬，就说一些违心的话。而淡定地应对，则能巧妙地化解问题。

例如，著名演员黄渤就是一个即兴表达能力很强的人。有一次，马云问黄渤说："我长得怎么样？"马云虽然是优秀的企业家，但是长相明显不那么优秀。但是你既不能直接说不好看，让别人不开心，也不能违心说好看。这两种极端的情况都会使两个人很尴尬。

黄渤就很聪明，他知道马云这是同他开玩笑，就笑着说："太丑！"最后还加了一句，"我们两个人都差不多。"一下子把两个人都放在同一个位置。两人同时哈哈大笑起来。的确如此，黄渤是一个不靠颜值靠实力的演技派，马云也是一个不靠颜值靠实干的企业家。黄渤在面对突如其来即兴的问题时，表现得淡定从容，因此也能看出其强大的即兴表达能力。

当主播被问到一些敏感话题，但是要马上回答用户的时候，要注意哪些地方呢？本节为您细细说明。

6.4.1　表达通俗，平易近人

主播的表达要力求通俗化，通俗化的语言可以使所有的用户都能理解主播所表达的内容，并且给用户一种亲切感。主播要尽量少用书面语，多用口语词汇。

夸奖别人要具体，当主播想夸奖一个用户"有趣、开朗"的时候，不要用简单的词汇，要用一些具体的话来表达，让用户感觉更加深刻。在直播过程中，主播要源源不断地制造话题，与用户聊天，去接近用户。只有让直播间热闹起来，才会有越来越多的人关注了解主播。

例如，抖音主播"开心果九儿"就擅长用通俗的语言和粉丝聊家长里短，用东北的方言与粉丝互动，"XXX 好久没见你来我直播间了。""你要上班了啊，你快去吧，祝你工作顺顺利利哈。""我是一个全能主播，我啥都会。"让粉丝感觉到主播非常平易近人，如图 6-9 所示。

图 6-9 "开心果九儿"的直播

6.4.2 表达质量，情感沟通

主播如何将自己想表达的东西准确地传达给用户呢？有很多主播，虽然直播时间长，但是反响平平，很大的原因是无法和粉丝产生共鸣。

表达不在于多而在于精，在于多少粉丝愿意听你讲话。在直播过程中，主播要学会提高表达的质量。直播间就是主播和观众沟通互动的重要桥梁，美女主播除了要善于调动现场气氛的，还要尽可能增加与粉丝间的交流，提高每个人的参与感。以下几点能够提高主播的表达质量。

1) 常常感谢粉丝

主播要时常怀有感恩的心，每当有粉丝为你刷礼物时，你都要在直播间对粉丝进行感谢。比如，"谢谢 XX 的小火箭""感谢 XX 经常到我得直播间""谢谢 XX 的支持"。

主播的语言就是情感表达的窗口，主播通过语言使粉丝觉得主播很需要他们，从而获得满足感，并愿意持续支持主播。一个成功的主播，背后离不开粉丝的支持。

例如，主播"油条"凭着优秀的游戏技术和幽默的直播风格收获了很多粉丝。主播"油条"不仅经常感谢粉丝，也常常回馈粉丝。他经常在直播中送出现金红包，甚至会亲自买礼物送给支持自己的粉丝。主播对粉丝上心，同时也是在建立自己良好的口碑。

2) 注意肢体动作

主播可以运用比心、剪刀手等动作，给用户造成感官的刺激，让观众感受到主播的激情与热情，更容易对你产生好感，从而更愿意消费打赏。例如，在斗鱼平台上，左右两边的女主播 PK，右边的女主播上下举手，鼓励用户支持自己，胜率明显比左边的主播高一些，如图 6-10 所示。

图 6-10　主播利用手势让用户支持自己

3）让粉丝和你感同身受

主播想要提升表达质量，既要学会倾听，也要会营造氛围。粉丝只愿意听他们爱听的、感兴趣的内容。主播可以讲一些生活上的事情，使直播间充满生活的气息。另外，主播可以通过语言，讲述自己的亲身经历，使主播更加接地气。

4）平时多积累段子

主播要锻炼自己的说话能力，不管有多少人观看，一个人必须撑起一台戏。就算是自己一个人，也要让自己的直播间热热闹闹，使出浑身解数使粉丝开心。所以一定要积累一些段子、一些搞笑的故事。

5）找到自己的表达风格

对于主播来讲，一个好的表达比好的外在形象更加吸引用户。而且，搞笑逗乐的表达风格更容易吸引粉丝持续关注。作为一个主播，就要能完全把控整场的节奏。很多主播一上来就是一句东北方言，让粉丝一下子开心起来、活跃起来，使观众越听越精神、越看越有趣。

6.4.3　态势语言，表达情绪

"态势语言"就是你口头语言以外的表达，例如你的语调、语气、表情、动作等的表现，这些"态势语言"都可以影响你表达的好坏。小动作和微表情能够看出一个人当时的心情和这个人本身的性格。同样是"我爱你"，如果你用深情的语气说，会给人一种庄重的感觉；而用搞怪的语气说，则会给人一种在开玩笑的感觉。

主播在推荐服装的时候，可以适当地配合一点肢体语言，不仅可以使自己介绍服装的形式更丰富，也可以吸引观众和粉丝的注意力，让他们更加集中地观看主播进行商品介绍。如图 6-11 所示，为主播利用肢体语言介绍产品。

图 6-11　带货主播利用肢体语言介绍产品

例如，主播"一条小团团"是斗鱼绝地求生的顶级女主播，直播间订阅数量超过千万，主播在直播过程中的语言、语调、微表情十分可爱。如图 6-12 所示，为小团团的游戏直播。

图 6-12　小团团的游戏直播

6.5　锻炼口才，沟通话术

我们都知道好的口才能够给人愉悦、舒适感，如果说话者有一个好的口才，能够清晰地表达自己的想法，就能够加深别人对你留下的好印象，让别人更加理解你，甚至因你的话而受到启发。

那么主播如何锻炼自己的口才呢？主播可以通过话术拉近与粉丝的距离，制造话题，与粉丝更好地互动。

6.5.1 欢迎话术，热情洋溢

主播经常说的欢迎话术举例：

"欢迎XXX的到来。""欢迎XXX（名字）进入直播间,点个关注,不迷路。""欢迎朋友们来到我的直播间,主播是新人,希望朋友们多多支持,多多捧场哦！""欢迎XXX来到我的直播间，你们都是因为我的XXX而留下来的，是吗？""欢迎XXX的到来，好久不见。"

6.5.2 感谢话术，表达感恩

主播经常说的感谢话术举例：

"欢迎XXX进来捧场。""有你们的到来,让我的直播间非常热闹,感谢感谢。""谢谢老铁送的礼物，哎呀，感谢感谢，感谢支持，么么哒。""欢迎XXX回来，每一场直播都见到你来，特别感动。""感谢XXX送的小火箭，哇，好厉害。""感谢XXX的大跑车，你看着跑车多威风，祝这位老哥健健康康，今年发大财。""百忙之中抽时间过来实属难得。感谢所有送我礼物的家人们。""感谢今天的榜首XXX、榜二XXX、榜三XXX（用户名），谢谢你们的礼物，特别开心。"

6.5.3 引导话术，刺激消费

主播经常说的引导话术举例：

"对对对，我们家产品款式都是最新的，不好的我们不卖。""您真识货，这个款是今年新款。""有的有的,这个款式在XX链接。""关注主播不迷路。""刚进来的小伙没有关注的点亮我。"

主播在直播过程中，就是顺应用户的语言，进行引导消费，通过赞同用户的观点，推广产品。

6.5.4 提问话术，激起回应

主播经常说的提问话术举例：

"大家觉得橘色大衣好看，还是黄色大衣好看？""各位宝宝有想要这件衣服的吗？想要的可以在评论区扣1。""宝宝们,这件衣服需要主播试穿吗？""你们想不想要红包福利呀？""我们下次八点直播，你们还来看好不好？"

例如，某主播在平台上，在介绍产品假睫毛时，在直播间说："我看一下有多少不会的宝宝，扣6我看一下。"评论下面很多扣666的用户，如图6-13所示。

图6-13　某主播运用评论的方式激起用户回应

6.5.5　下播话术，引起期待

主播经常说的下播话术举例：

"谢谢大家的陪伴，欢迎明天八点直播间见。""非常感谢所有还停留在我直播间的小哥哥小姐姐叔叔阿姨，我每天的直播时间是XX点至XX点，风雨不改，没点关注的记得点关注，点了关注记得每天准时来玩哦。""很多人从我一开播就来了，一直陪着我直到下播，比如XXX（用户点名）。陪伴是最长情的告白，你们的爱意我收到了。""今天的直播接近尾声了，明天晚上XX点至XX点同一时间开播/明天会提早一点播，XX点就开了，各位奔走相告吧！""最后一首歌《XXXX》，唱完下播，希望大家睡个好觉，做个好梦，明天新的一天好好工作，晚上我们再聚。"

第 7 章

把握粉丝，掌控全场

学前提示

主播要想掌控全场，不仅需要随机应变回答用户的问题，还要不断地学习和提高自身的专业能力。本章重点讲述主播掌控全场的 4 个阶段，销售产品的 5 个技巧，处理吐槽的 4 种方法，情感疏通的 3 种方式，控场的 5 大法宝，粉丝交流的 3 种方式等。通过本章的叙述，主播将更加了解用户的心理，做好直播销售。

要点展示

- 直播控场，4 个阶段
- 直播销售，5 种技巧
- 处理吐槽，3 种方法
- 情感疏通，3 种方式
- 控场技巧，5 大法宝
- 粉丝交流，3 种方式

7.1 直播控场，4个阶段

在直播过程中，主播要学会掌控全场。直播过程中主播每一句话的声调、停顿、眼神、表情、肢体动作对用户都有着细微的影响。在整场直播节奏的把控中，主播要有以下4个阶段。

7.1.1 直播开端，留好印象

如果你是一个新手主播，还没有固定的用户群体，那么你需要一开始就吸引用户的注意力。用户也许只会看你十秒钟，如何在十秒钟内抓住用户的心？主播要想和用户建立良好的关系，重点在于主播要给用户留下一个好的印象。那么，主播如何一下子抓住用户的眼球，在直播开端就留好印象呢？笔者认为，需要做好以下几点。

1. 个人特点

主播在直播的过程中要给用户留下深刻的印象，如果主播自身的特点和其他主播的特点相似或者一致就等于没有特点。很多当红的明星都有自身的人设，人设就是特点，有特点就能吸引更多人关注，主播也是一样。

例如，抖音主播"丑女胖妞无敌"将自己的土气变成了自己的特点。很多用户就是通过这个特点对她印象深刻，如图7-1所示。

图7-1 "丑女胖妞无敌"的直播

2. 显示个性

主播在直播销售产品时，显示出自己的个性，有了正面的个性化标签，就能给用户留下好的印象。例如，带货主播在介绍产品的时候，可以穿插讲述自己与产品的故事。主播可以通过自身的故事给用户留下一个好印象，激发用户的兴趣，使整个直播间有话题可以聊，最后也许用户没有记住产品，但是用户一定记住了主播的形象和性格。

7.1.2 刺激用户，活跃气氛

很多主播把用户当成一个倾听者，自己则是一个倾诉者。主播仅仅是把自己的观点传递给用户，并没有给用户表达的机会。每一个人都是一个思想的制造机，如果只让用户倾听而不让用户表达，久而久之，用户也会觉得厌烦。如何刺激用户，使得用户参与表达自己呢？

1. 提问刺激

通过提问的方式，促使用户在直播间进行参与和思考。比如，该主播就是通过询问的方式，使用户思考和参与进来。

抖音平台上有一个售卖减压玩具——羊毛毡戳戳乐的主播。主播通过戳羊毛毡，把羊毛变成一个小毛绒玩具。主播在直播间回答用户的提问，"为什么要戳，你们知道吗？""在哪里买？""这容易吗？"等，如图 7-2 所示。

图 7-2 抖音上售卖羊毛毡戳戳乐的主播

2. 语言与行为刺激

主播可以用雷人的语言刺激用户。例如，主播"迷人的郭老师"经常使用自己的雷言雷语刺激用户。郭老师的那句"你在无中生有，暗度陈仓，凭空想象，凭空捏造。你无言无语、无可救药"被网友进行二次剪辑，变成了洗脑神曲，火遍网络。如图 7-3 所示，为主播"迷人的郭老师"的直播页面。

主播"郭老师"的说话方式也与众不同，"猕猴桃"读作"迷 hotel"，"草莓"读作"粗莓"，"姐妹们"读作"集美们"等。

粉丝将郭老师说的一些雷人的金句，起了一个名字，叫"郭言郭语"。并且该主播经常对着用户"啊啊啊啊啊啊"地叫，表示自己的兴奋。评论下面全是用户的热烈回应，比如，"郭气冲天""郭家军报道"等。

不仅如此，该主播还以"土味"的风格吸引用户。比如，主播的头发一直都是乱乱的，吃水果的表情非常有喜感、穿皮裤跳舞、模仿别人等，以此来刺激用户的眼球。

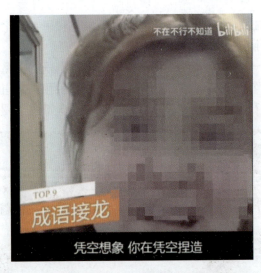

图 7-3 "迷人的郭老师"的直播

7.1.3 节奏把握，松弛有度

主播要把握好自己的直播节奏，就像电视剧不能一直播出"高潮"部分一样，都是有高有低才能让用户感觉舒适。主播也不能让用户一直保持兴奋，要由低到高，主播才能把自己的观念推销到用户的心里去。

一个优质的主播，一定会给大家放松的时刻。舒缓的节点有哪些呢？比如，唱歌和话题讨论等，主播会给用户营造出一种宾至如归的感觉。

7.1.4 直播预告，埋下伏笔

在直播快要结束的时候，提醒用户观看下一场直播，告诉用户下一场直播的时间，可以让用户去猜测下一场直播的内容。预告虽然短，但是举足轻重。淘宝直播已经成为淘宝卖家们推广商品的一种重要的方式，直播购物也已经成为一种新的消费趋势，越来越多的消费者热衷于这种消费方式。

不管是对直播卖家来说，还是对直播主播来说，想要让自己的直播获得好的效果，每一次直播都需要做一定的准备工作。这些准备工作，有些是很容易被主播忽视的，但是却在一定程度上影响直播间的观看人数数量。

比如直播预告，虽然只是对主播下一次直播内容进行提前预告，但是它却能影响下一次直播间的流量情况。很多主播认为直播预告很简单，但它却有着一定的要求。

很多主播在直播之前都会通过各种方式进行预告。例如，抖音主播"大胃阿伦"就通过发布短视频，来进行直播预告，如图 7-4 所示。还有主播通过在微博发布直播预告，如图 7-5 所示。

图 7-4 "大胃阿伦"的抖音直播预告　　图 7-5 "宇哥考研"的微博直播预告

7.2 直播销售，5 种技巧

主播在带货时要讲究销售方法，可以使主播把控整场直播的节奏，将主播的想法清晰地表达给用户，把用户引进来。其主要有 5 种技巧，譬如，直奔主题介绍产品、赞美用户、强调产品优势、多方面示范、设定期限催促用户购买。

7.2.1 3种方法，介绍产品

介绍法是介于提示法和演示法之间的一种方法，主播在直播间直播时，可以用一些生动形象、有画面感的话语来介绍服装，达到劝说消费者购买产品的沟通谈话方法。下面向各位读者描述一下关于介绍法的3种操作方式，如图7-6所示。

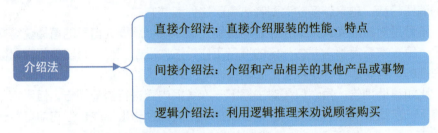

图7-6　介绍法的3种具体方法

直接介绍法是主播对产品优势了如指掌，直接介绍商品的性能、特点。例如，淘宝账号名叫"东芝移动硬盘"的主播在介绍产品优惠活动、包装、质保售后等，如图7-7所示。

图7-7　主播在介绍东芝硬盘

间接介绍法是通过介绍与它密切相关的其他事物来间接介绍产品，例如主播在进行服装推销时，可以介绍服装的做工、面料，来表明服装的质量过硬，值得购买，这就是间接介绍法。

逻辑介绍法是推销人员利用逻辑推理来劝说顾客购买商品，这也是一种线下服装销售中常用的推销手法。主播在进行服装推销时，可以对顾客说："用买几杯奶茶的钱就可以买到一件美美的服装，你肯定会喜欢。"这就是一种较为典型的推理介绍，表现为以理服人、顺理成章，说服力很强。

7.2.2 赞美用户，营造气氛

赞美法是一种常见得推销话语技巧，这是因为每一个人都喜欢被人称赞，喜欢得到他人的赞美。在这种赞美的情景之下，被赞美的人很容易情绪高涨愉悦，就很容易在这种心情的引导下采取购买行为。那么主播如何赞美用户，促使用户购买呢？笔者认为，主要需要把握以下3点：一是就对方的表现，赞美其优点；二是借此请对方适度调整其不足之处；三是再次肯定对方的整体表现。通俗的意思是：先褒奖，然后说出实情，再说一个总结的好处。

在日常生活和主播销售中，主播可以突出产品的优势。例如，当粉丝担心自己的身材不适合这件裙子时，主播就可以向粉丝说，这条裙子不挑人，大家都可以穿，虽然你可能有点不适合这款裙子的版型，但是你非常适合这款裙子的风格，穿衣风格要突破，说不定就适合现在的你。

7.2.3 强调优势，条理清晰

强调法，也就是需要不断地向顾客强调这款产品多么好，多么适合粉丝，类似于重要的话说三遍这个意思。

当主播想大力推荐一款服装产品时，就可以不断地强调这款服饰，以此营造一种热烈的氛围，在这种氛围下，粉丝很容易跟随这种情绪，不由自主地就会下单。主播李佳琦在直播间最常用的经典强调语：买它！买它！买它！

7.2.4 示范产品，多面展示

示范法，就是要求销售人员把要推销的产品展示给顾客去看、去摸、去闻，从而激起顾客的购买欲望。由于直播销售的局限性，使得顾客无法亲自看到产品，这时就可以让主播代替消费者来对服装进行了解。对于粉丝来说，由于服装主播一般比较了解服装的风格款式，由主播代替自己来了解服装，粉丝也会更加放心。如图7-8所示，为示范法的操作方法。

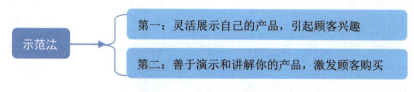

图7-8 演示法的操作

1）灵活展示自己的产品

展示推销法是一种常见的推销方法，但其具体的方式和内容十分繁杂。从商品陈列、现场示范到时装表演、商品试用，均可视为展示推销法。其主旨就是力图让消费者亲眼看到、亲耳听到、亲身感受到商品的精美和实用，把商品的特性尽善尽美地表现出来，以引起顾客的兴趣。

现在的店铺都会选择这种方式，对服装各部位的细节进行拍摄，尽可能把服装拍摄得美美的，从而提升产品的品质感官。

2）善于演示和讲解产品

对于主播来说，"好的示范胜过一千句话"。主播为顾客亲自做示范，这是把顾客置身于情景当中，对于销售行业来说，是非常有效果的办法。

因为网上购物、直播下单这种线上销售方式，无法使顾客在现实中真的置身在现实场景中去了解产品，而且很多用户对线上产品的质量并不非常信任。这时主播就可以在直播过程中，将产品放在镜头面前展示，或者亲自试用。通过镜头，灵活地展现产品的款式和使用效果，如图7-9所示。

图7-9　主播活灵活现地展示产品

7.2.5　设定期限，催促下单

这种方式就是明确地告诉客户，某项活动的优惠期限还有多久，在优惠期内客户能够享受的利益是什么。同时提醒客户，优惠期结束后，客户如果再想购买这款产品的话将会受到怎样的损失。

例如，这款服装我们这个优惠降价活动今天就是最后一天了，你还不考虑入手一件吗？过了今天，价格就会回到原价位，和现在的价位相比，足足贵了50元。如果你想购买这款服装的话，你需要赶快入手了，机不可失时不再来。

通过这种推销方法，会给顾客一种错过这次活动，之后再买就亏大了的想法，同时通过最后的期限，能使顾客有一种心理紧迫感。

主播在直播间和顾客、粉丝推荐时，就可以积极运用这种方法，给她们制造紧迫感。例如，主播可以拿手机，提醒用户时间，催促用户下单，也可以用"秒杀""明天恢复原价"等说法来提醒顾客。如图7-10所示，为期限法的展示。

图7-10 主播利用期限法催促用户购买产品

7.3 处理吐槽，3种方法

生活中吐槽无处不在，更何况是在网络上。在网络上，有很多用户将负能量发泄给主播，也有不明事理盲目跟风吐槽的用户。面对这些指责，主播要怎样处理才能大事化小、小事化了呢？

7.3.1 直接无视，做好自己

面对吐槽最好的方式就是无视，如果你去回应吐槽的人，那激烈的战争才刚刚开始，吐槽的人会更加吐槽你。整个直播间负面信息太多，其他用户就会离开直播间。如果主播直接无视，吐槽者也不好一直咄咄逼人。

例如，抖音主播"红老板"不仅有个舌钉，而且还在嘴唇、鼻梁、眉毛上也打了钉子。很多用户对于主播在脸上打钉子表示不理解，并在下面评论"嫁不出去""喝水会漏水""不正常"等，主播并不回应下面堆积如山的负面评论，如图 7-11 所示，而是专注于回复一些好的评价，并且表示感谢，如图 7-12 所示。

图 7-11　主播并不回应负面评论

图 7-12　主播回复一些好的评价

7.3.2　指桑骂槐，侧面抨击

面对吐槽者，主播不必以其人之道还治其人之身，用户藏在暗处而主播是一个公众人物，必须维护好自身的形象。当吐槽者咄咄逼人触犯主播的底线时，主播可以用微笑的话或者半讽刺来刺激吐槽者，前提是一定要深思熟虑。采用冷幽默的方式，使用户觉得好笑，但是语言里的讽刺意味十分重；利用幽默故事可以关联主题。如果主播语言恰当又话里有话，还能吸引一大批支持自己的用户。

7.3.3　正面激励，自我疏导

面对吐槽，最好的方式就是将压力变成动力，把负能量变成正能量，一只耳朵进一只耳朵出，正面开导自己，看一些忠实粉丝的留言，相信自己。

在直播间碰到负能量的用户，这件事任何主播都不能控制，主播要学会将负能量自己消化并转化。如果主播本人都无法从负面情绪里释怀，那么观看直播的所有人都会觉得你很在意这些不好的事情，使得所有人都无法忘记。只有自己将注意力转移到一些好的事情里，所有方法用户才会随着你把注意力转到好的方向。

7.4 情感疏通，3种方法

石油大王洛克菲勒曾表示："如果人际沟通能力也是如糖或者咖啡一样的商品，我愿意付出比太阳底下任何东西都珍贵的价格来购买这种能力。"对于主播来说，好的沟通有利于改善人际关系网，与粉丝建立起良好的关系。

7.4.1 关注需求，对症下药

无论在直播时推销何种产品，都要了解用户的需求，只有不断地满足用户的需求，才能使产品销量增加。主播在倾听用户需求的时候，要注意一点，倾听用户不等于听从用户，完全听从用户会显得主播没有自己的观点。主播只需要适当地采纳用户的意见，就能够显示出主播对待用户的真心。例如，淘宝主播原本穿的15号链接，根据直播评论下面的要求来满足用户需求而试穿57号链接，如图7-13所示。

图7-13 该主播按照用户要求试穿

7.4.2 重视用户，全民参与

不论是直播带货，还是直播打游戏、直播聊天、直播唱歌等，在直播过程中必不可少的一环就是"听用户说"。只有听用户说，让用户参与进来，在参与过程中产生积极的情绪，对主播产生好感，用户才会购买产品，或者给主播打赏。

如何提高用户的存在感呢？最直接的一种方法就是重视用户，与用户产生互动。主播站在用户的角度去思考、行动、联想，与用户交流产生话题，进而缩短主播和用户之间的距离，让用户感觉受到充分的尊重，从而拉动用户对产品进行购买。

例如，抖音主播"熙文的妈妈叫兰兰"在直播间对用户说："粉丝不要挑我的刺，我每天下直播以后就开始翻评论，你们说的我都看一看。"如图7-14所示，为"熙文的妈妈叫兰兰"的直播。

图7-14　抖音账号"熙文的妈妈叫兰兰"的直播

7.4.3　用户不满，情绪安抚

主播在直播过程中不仅要会调动观众情绪，还要会安抚受众的情绪。当用户没有抢到仅有几个名额的超级优惠，或者没有抢到直播间的红包时，主播不能向用户道歉，这样会使得用户觉得自己是对的，会使用户感觉更加生气。

正确安抚用户的方法是，对用户说："活动结束了！""欢迎宝宝下次再来！""下次的优惠力度更大哦！"这样用户就会感觉，不只自己一个人没有抢到优惠，还有很多人也没有抢到优惠，是自己的问题，并且会期待主播下一次直播。

主播李宏毅在直播间售卖韩束、一叶子等品牌护肤品，并承诺购买护肤品送签名卡片。用户十分热情，有用户直接送抖币，在直播界面上打出了一个"买"字，如图7-15所示。活动结束后，有些用户没抢到主播的签名，主播对没有抢到签名的用户进行了安抚，如图7-16所示。

图 7-15 李宏毅的直播间用户十分热情　　图 7-16 李宏毅安抚没有得到签名的用户

7.5　控场技巧，5 大法宝

控场能力并不是与生俱来的，而是逐渐锻炼出来的。一个身经百战的优秀主播，应该掌握以下几点内容。当用户反映投诉产品出现问题时，主播要反思自己，及时发现错误，改正错误，提高直播间的活跃度。当用户挑衅时，主播要学会巧妙化解、机智应对。

7.5.1　出现问题，找出根源

很多时候，问题出现的时候，我们经常会安慰自己，说是运气不好，或者是别人不理解我，可能我也有问题，但是问题不大。诸如此类，有这样想法的人很多。但是，出现问题，应先从自己身上找原因，只有不断地反思，才能不断地进步。

7.5.2　表达错误，及时纠正

主播是面对成千上百万陌生人的职业，面对镜头，一言一行都会变成街头巷尾谈论的话题：带货能力好，会被大众谈论；直播翻车，也同样会被大众讨论。

带货女王杨幂空降李佳琦直播间做客，在直播过程中，李佳琦想活跃现场气氛，就借用果冻说了不合时宜的话，结果引发尴尬。杨幂用一句，"什么东西啊？什么意思啊？"巧妙地终止了话题，而后就被顶上了微博热搜。如图 7-17 所示，为李佳琦的道歉微博。

图7-17 李佳琦的道歉微博

犯错以后，真诚的道歉会使用户更加容易接受。由于李佳琦微博道歉及时又诚恳，李佳琦评论区前排都是一些粉丝支持的话语，例如，"无论如何能第一时间道歉，态度就是有了""哥，没事的，人非圣贤，好好休息，了解你的人都知道没有恶意"等，如图7-18所示。

图7-18 李佳琦的道歉微博下的用户评论

7.5.3 气氛沉闷，多多活跃

主播想要吸引更多粉丝，就需要具备让直播间"热起来"的能力，那么，如何让直播间活跃起来呢？

俗话说："打哈欠会传染、打喷嚏会传染。"其实情绪也会传染。一个人消极、抱怨的情绪很容易影响他人，相反，一个人积极、上进、热情的情绪也会传染。主播就应该用积极、热情的态度，对待每一位用户。

例如，抖音主播"喜哥喜嫂海鲜"在直播过程中，声音非常大，非常有激情，直播售卖产品的活动是虾尾138元5袋，另外送3袋虾尾、2瓶辣椒油、3袋紫菜。

该主播在售卖的过程中，非常有激情。主播先讲述产品的原价，138元可以买到5袋虾尾。再讲活动价，亏本赠送一袋、再送一袋、再送一袋。主播一袋一袋地把虾尾拿出来，再把赠品紫菜一袋一袋地拿出来。边讲述产品的优惠力度、边保证产品的质量。主播每拿出一袋赠品虾尾，都会声嘶力竭地吆喝，让人感觉活动力度极大，直播间评论区也热闹非凡，如图7-19所示。

图7-19　主播在抖音直播间售卖虾尾

7.5.4　用户挑衅，机智应对

生活中面对任何人的质疑，都要学会不卑不亢，主播也是一样。如果用户质疑产品的质量和售后，主播也跟着质疑自己的产品，最后损失最大的是主播自己。面对质疑，主播要展现自己的服务态度，不强词夺理，也不争论争辩。正确的做法应该是先了解用户的问题，解决用户的抱怨。

任何产品和品牌都不能失去用户，没有用户，企业就会倒闭。同理，任何一个主播都不能失去观看直播的用户。所以，为了更好地留住用户，当用户挑衅时，主播要学会机智应对。具体来说，可以参考如下几个步骤。

第一步，无论用户是无理的挑衅还是实实在在的抱怨，主播都必须配合用户解决问题。

第二步，观察客户，揣摩用户心态，面对一直喋喋不休进行负面评论的用户，主播要学会适时地反问用户，把主动权拉到自己身上，找到解决用户抱怨的办法。

第三步，接受批评，欣然面对客户批评、刁蛮、挑剔，尽最大可能去满足用户的要求，要发挥"小强精神"（"小强"生命力顽强的蟑螂，寓意不屈不挠、坚持不懈的精神）。

7.5.5　遇到高手，真诚请教

有一句成语叫作"遇强则强"，一个主播由"平平无奇"到"闪闪发光"都是有一个过程的，现在我们看到的大主播，在最初也是一个平平无奇的小主播。想成为一个"大主播"，不仅要坚持，还需要拓宽圈子，找到比自己更加优秀的、知名的主播学习和交流。当大主播和小主播连麦，小主播不仅能够学习到直播技巧，还能够让更多的用户看到你。

7.6　粉丝交流，3种方式

对于主播来说，无论是吸粉还是粉丝的黏性，都非常重要。而吸粉和粉丝的黏性又都属于粉丝运营的一部分，因此，大多数主播对于粉丝运营都比较重视。

这一节笔者就通过对粉丝运营相关内容的解读，帮助各位主播提高粉丝运营能力，更好地与用户形成紧密的联系。

7.6.1　粉丝互动，即时回复

现在主播都越来越注重和粉丝的互动情况，及时接收粉丝信息、及时回复粉丝的问题、时不时和粉丝聊聊闲话，已经成为每一个直播间主播的日常必备行为。

直播不仅是一种信息传播媒介和新的营销方式，还是一种实时互动的社交方式，这可以从其对用户的影响全面地表现出来。人们在观看直播的时候，就好像在和人进行面对面的交流，这就使得用户感受到陪伴的温暖和共鸣。具体影响如下：让用户忘掉独处的孤独感；让用户有存在感和价值感。

主播可以通过在直播过程中分享热点话题，让粉丝得到同感，或者在粉丝群里和粉丝们聊天，这都是主播有效地和用户互动的方式。这样可以在主播和粉丝之间形成稳定的社交关系，提升双方的亲密度。如图7-20所示，为主播在直播时和粉丝在粉丝群内互动。

直播作为一种新的营销方式，如果在其固有的陪伴的共鸣基础上加以发挥，把陪伴的共鸣与产品结合起来，那么用户也将更清晰地感受到这一事实，主播可以和粉丝聊当下的热点话题，也可以抢发优惠券等。

主播想要更好地拉近和粉丝之间的距离，那么在直播过程中就需要和粉丝充分地进行互动，让粉丝感到自己被关注、被重视，这样就能更有效地引起关注和增加用户黏性。

图7-20 主播在直播过程中和粉丝互动

7.6.2 情绪管理，积极带动

主播要想成为一个大主播，就需要学会管理情绪。如果主播不会进行情绪管理，无论她的销售能力多么强，都难以获得顾客、粉丝的信任。

在直播销售中，粉丝和主播之间会有一种强有力的纽带连接，而信任则是连接的桥梁，连接的强弱就表明粉丝对于主播的忠诚度。如果敏感型的主播一直不能进行自我情绪管理，那么就很容易在和粉丝的相处过程中，消磨、丧失他们对自己的信任感和忠诚度。

在直播时，主播需要时刻展现出积极向上的状态，这样可以感染每一个进入主播间的顾客和粉丝，同时也有利于树立起主播积极的形象。

如果主播自己的状态低沉，情绪不佳，就很难吸引正在观看直播的顾客和粉丝来购买自己推荐的商品，甚至会使得这些粉丝退出直播间，去其他的直播间观看直播，而这种行为，无疑是在减少自己的粉丝数量。

另外，主播也可以根据不同类型的顾客，来进行自己情绪的管理。了解那些进入直播间观看直播的粉丝类型,学会根据不同的粉丝类型有针对性地进行沟通和互动,这样可以更加有效地得到想要的效果。

在直播中,主播常常会碰到各种类型的顾客,这些顾客由于自身的原因,在看待事情的角度、立场上常常是截然不同的,那么就要求主播在产品销售过程中,有针对性地去进行引导。如图 7-21 所示,顾客的类型分为以下 3 种类型。

顾客分为 3 种类型
- 铁杆粉丝:会发自内心维护主播,同时自己主动在直播间营造氛围
- 购物者:注重自我需求,在直播间更倾向关心商品和价格
- 娱乐者:忠诚度和购买力较低,部分素质低下,会抬杠甚至骂人

图 7-21 直播间里的顾客的 3 种类型

在面对自己的铁杆粉丝时,主播的情绪管理可以不用太严肃、太一本正经,适当地和他们表达自己的烦恼,宣泄一点压力或者开一些小玩笑,反而能更好地拉近和他们之间的关系。

至于消费者类型的顾客,由于他们一般是以自我需求为出发点,很少会看重主播的人设或其他,只关心商品和价格。面对这种顾客类型,就需要主播展现出积极主动情绪,解决他们的疑惑,同时要诚恳地介绍商品。

在面对娱乐者类型的顾客时,会出现部分素质较低的观众,他们可能会以宣泄自己的负面情绪为主,在直播间和主播抬杠,并且以此为乐。这时,主播如果进行情绪管理,对他们表示忍让是没有意义的,可以在向其他粉丝表示歉意后,请场控帮忙处理。

7.6.3 具亲和力,拉近距离

某个采访中,仅有不足 10% 的用户认为,主播只需要长得好看,有颜值就行。在受访用户中,认为主播最应该具备的能力前三名分别是:善于沟通、语言表达能力强,有亲和力,能带动用户情绪;个人有特点;有一技之长,唱跳俱佳。

可以看出,较强的亲和力及优秀的沟通能力才能够让主播具有更强的生命力。亲和力,是一种使人愿意亲近、愿意接触的力量。主播需要培养自己的亲和力。这种亲和力,可以在主播的言行举止中展现出来。例如,自信的笑容、随和的肢体语言等。一位主播通过肢体语言展现自己的亲和力,如图 7-22 所示。另一位主播通过搞怪脸部表情显示出自身的亲和力,如图 7-23 所示。

亲和力可以在无形间拉近和顾客、粉丝的距离,使他们自发地去亲近自己。

当主播的形象变得更加亲切、平易近人后，粉丝对于主播的信任和依赖会逐渐加深。而粉丝也会开始寻求主播的帮助，借助主播所拥有、了解的产品信息和资讯，帮助自己树立起更好的外在形象。这种关系就是一种稳定的信任关系。

主播要明白，进入直播间的观众和粉丝是怀着一定的需求，才进入直播间观看自己直播的。在这种背景之下，大部分观众都不希望看到一个冷冷冰冰的主播在进行产品的介绍和推销工作。

图 7-22 主播通过肢体动作表现亲和力　　图 7-23 主播通过脸部表情表现亲和力

主播必须意识到，观众和粉丝是现实中活生生的人。她们的情感感知能力非常强烈，可以在看到主播的前几秒，就由于第一印而选择留下来或者退出去。第一印象形成的感觉，对于粉丝来说，常常有着决定性的影响。出于人类趋利避害的原始本能，以及现代社会上人类对于情感的需求，使得大部分人愿意亲近看起来无害的人，或者说大家熟悉的人。

正是这种需求的存在，主播在直播封面上会展现出邻家、可爱、活力等容易吸引观众好感的气氛。

除此之外，主播在进行直播过程中，所呈现的状态也是很自然的、平易近人的，这种氛围大多偏亲切感，能够让粉丝感觉正在直播的主播，就和自己身边随处可见的朋友跟自己推荐自己觉得很好的产品一样，如图 7-24 所示。

高冷的主播形象已经很少在电商直播中出现了，现在的主播们都希望自己的形象可以更加符合粉丝的眼缘。随便进入一个直播间，都可以听到主播充满活力的语气，看到主播亲切的笑容。部分直播间在背景布置上也会着重营造出可爱、居家的生活场景，如图 7-25 所示。

图 7-24　直播中的主播自然亲切的形象

图 7-25　直播中可爱、日常的背景设置

主播不再是冷冰冰的形象或者单纯的推销机器，渐渐演变成更加亲切的形象。她们会通过和粉丝实时的信息沟通，及时根据粉丝的要求进行服装展示，或者回答粉丝提出的有关问题。如图 7-26 所示，为主播通过手机实时和粉丝进行沟通。

图 7-26　主播用手机实时地和粉丝沟通

整个直播过程,主播大多都以一种朋友的口吻进行商品销售。粉丝往往在直播过程中能看到主播搞怪或卖萌或吐槽的一面,而这种体贴又日常化的行为举止,往往能引起粉丝在情感上的好感,拉近双方之间的距离。

第 8 章
意外情况，随机应变

学前提示

在直播平台上，不论是直播新手还是直播老手，都有可能面临突发状况。主播需要对意外状况进行预防、进行产品试用、熟悉直播流程等，直播中间面对失误及时处理，直播过后，复盘改进。笔者将在本章告诉你面对意外情况该如何处理。

要点展示

- 直播前期，做好预防
- 直播失误，及时处理
- 直播过后，复盘改进

8.1 直播前期，做好预防

直播是符合新时代发展形势的营销方式，它具有传播范围广的优势。有些直播间经常会有成百上千万粉丝观看，其影响力可见一斑。同时，影响力越大，责任就越大。一场好的直播能够给品牌带来巨大的经济效益。

直播如果出现翻车现象，那么，对主播的信誉和名气都会造成很大的打击，同时也可能会造成产品的滞销、客户的流失。只有在直播前做好必要的准备，才能获得名气和利益的双丰收。

8.1.1 亲身试用，以防差错

主播在直播过程中需要和用户互动、替用户试用产品、增强用户的体验感。在推广产品之前，主播必须足够了解产品。因为推广假冒伪劣产品，会使主播失去自己的铁杆粉丝。

有一些品牌方为了能扩大宣传、吸引用户，不惜做假数据，雇用水军，甚至请很多网红主播推荐产品，结果产品质量和主播在直播间所说的并不一致，遭到了消费者的投诉。但是依旧有很多主播直播带货并不关心产品的质量和售后，只是为赚取广告费和提成，就一味地夸大产品的性能。还有一些主播在网上销售奢侈品、假洗发水获得高额的利润，使得很多粉丝以为是特价促销，结果买了假货。

对于这种情况，我国《广告法》规定，广告代言人在广告中对商品推荐证明，应当依据事实、符合事实，不得为其未使用过的商品或服务作推荐、证明。国家相关法律规定，对广告发布者明知或者应知是虚假广告仍然发布的，工商行政管理部门没收广告费用，并处广告费用三倍以上五倍以下的罚款。

从长远发展来看，好的口碑会使主播的粉丝源源不断地增多。如果主播带货的产品销量高但质量不好，虽然主播能得到一时的利润，但事后消费者不满意，主播的口碑就会急速下降。主播丢掉了粉丝的信任，就是丢掉了粉丝基础。

用户与粉丝如果产生信任危机，主播销售产品的能力也会越来越弱。所以主播在推广产品时一定要"亲测有效"，保证产品的功能、质量、成分和销售情况都是真实的，因为产品的好坏和主播的口碑是分不开的。

例如，"遛娃神器"因为小巧、便携等优点被很多主播追捧，而后该产品被多方媒体报道存在安全隐患。即便被媒体报道产品不合格，但是淘宝上依旧有很多这样的"遛娃神器"。售价从40多元到1000多元不等，并且销量排名前三的3款商品，月销量均超过4000笔。如图8-1所示，为"遛娃神器"产品页面。如图8-2所示，为"遛娃神器"的直播页面。

图 8-1 产品页面　　　　图 8-2 直播页面

消费者有时并不能直接从主播的直播中分辨产品的好坏。如果想让直播行业良性发展，让优秀的产品脱颖而出，让劣质产品逐渐消失，仅靠消费者维权和品牌方的自律还远远不够，主播也需要为产品的质量严格把关。

8.1.2 熟悉产品，了解信息

许多主播的语速都是非常快的，例如，主播薇娅 1 分钟最快能说 876 个字，她的成功归咎于运气、风口还有她自己的努力。如果主播没有多年积累下来的直播经验，没有对产品信息的了解，是无法带动用户购买的。

例如，薇娅在直播时经常会拿着产品，从外包装、产品的成分、产品的功用开始讲解，为了方便用户下单，主播有时也会向用户介绍如何领券购买、产品合适的人群等。如图 8-3 所示，为薇娅的直播间。

他们往往不会将时间都用在介绍产品上，而是会用 5 分钟左右的时间把产品性能等信息介绍完，然后开始试用产品，并与粉丝积极地进行互动。

这主要是因为在互联网时代，用户的选择越来越多，主播必须要以最快的速度把握住用户的需求，抓住用户的心。所以主播必须非常熟悉产品信息，用最快的时间介绍完产品。那么，如何将产品快速介绍给用户呢？具体有以下几点。

（1）介绍宝贝获得过的荣誉，产品的性能、作用、功效，然后上链接。

（2）主播试用产品，强调自己的感受，作出推荐。

（3）做活动，如"秒杀、限时限购、优惠券"等。

（4）售后问题，有任何问题承诺帮助粉丝解决。

"工欲善其事，必先利其器。"主播必须了解产品的核心竞争力，深度剖析产品，主播只有足够了解产品优势，才能戳到顾客购买点，促使用户购买。

图 8-3　薇娅的直播间

8.1.3　直播演练，以防万一

在直播之前要进行直播的演练，根据"货、场、人"这 3 个要点，对直播内容进行计划和演练。规划好大纲，能够使主播对整场直播的内容进行把控，让直播变得事半功倍。

1. 货

主播要对推荐的产品极其了解，要记住产品相关的知识。推荐护肤品的时候，要对制造商进行介绍，对产品的成分进行解说。例如，烟酰胺、果酸、水杨酸或者其他成分，它们的浓度基本都在 1% 以上等，主播向用户讲解这款产品的适用人群，详细的介绍会让用户更加放心。

例如，某主播在讲解自然堂积雪草洁面水霜套装的时候，就非常仔细地介绍适宜人群、产品的成分、能修复哪些皮肤上的问题。主播介绍产品含有积雪草成分，对肌肤起一个舒缓放松的作用，适合敏感肌或者孕妇使用，能够加强补水保湿等，如图 8-4 所示。

2. 场

首先是对直播场地的装饰，包括直播的背景、产品的摆放。如图 8-5 所示，为手机经销商的直播销售背景。可以看到,其直播间背景是一个动态的屏幕,把人带入一个充满科技感的直播间。

图 8-4 某主播在讲解自然堂积雪草洁面水霜套装

化妆品品牌稚优泉的直播销售背景是品牌的标志,如图 8-6 所示。由此我们看出,固定的场地、专业的镜头和直播背景对吸引用户消费有着一定的心理影响。

图 8-5 手机经销商的直播背景　　图 8-6 化妆品稚优泉的直播背景

3. 人

直播过程最重要的就是主播，主播的个性特点会使用户印象深刻，大部分用户都是通过认识主播进而了解产品的。所以直播对主播个人的台风、控场能力有着严格的要求，因此主播在和粉丝的交流过程中把握语言风格至关重要。有些主播严肃认真，有些主播语言幽默，主播需要把握自己的语言特色，找到自己的记忆点，使粉丝对你持续关注。

例如，某主播在直播化妆品时，在自己的额头上化了一个非常好看的特效妆，一下子就抓住了用户的眼球，如图8-7所示。

图8-7 主播直播化妆视频

主播在直播前要对整场直播有一个规划和节奏的把控，包括整场直播的时间、每个产品的介绍时间、与有哪些活动环节、产品的介绍、如何购买等方面，在既定的时间，把产品介绍完。

8.1.4 产品筛选，严格把关

在产品的选择上，如果主播没选好直播产品或者产品品质出了问题，会使主播产品销不动，严重的会使主播失去信誉。主播在选择产品时，一定要调查清楚品牌方，还有产品本身的质量问题。

例如，罗永浩直播带货的品牌方，曾经因为虚假广告被市场管理局进行处罚。钟薛高曾因发布虚假广告被罚款6000元。主播对产品制造的过往经历、商家信誉、产品质量、产品制作过程等要了解清楚，再综合考虑是否合作。

湖南电视台主持人李湘，最初直播时，也因为没有选好产品而导致产品滞销，130万人观看直播却没有一个人买售价4188的貂皮大衣。没有购买貂皮大衣的原因有很多，产品价格偏贵、天气已经逐渐转热，用户对于大衣的需求没有那么高等，主播要选好产品才能有一个好的带货成绩。

上海海王星辰药房有限公司负责人通过邀请主持人、主播、医生等人直播宣传药品"万艾可"，并且在网上进行秒杀活动。然而，处方药"万艾可"是一种男性的功能处方药，根据我国《广告法》第十五条第二款的规定，处方药只能在国务院卫生行政部门和国务院药品监督管理部门共同指定的医学、药学专业刊物上作广告，并不能通过直播宣传。

最后，上海徐汇区市场监管局根据《中华人民共和国广告法》第五十七条第一款第（二）项的规定，要求该公司停止发布违法广告，并处 70 万元的罚金。好的口碑是一点一点建立起来的，主播要选择自己能够推销出去的产品，同时考虑产品本身是否符合规范。

主播在选择产品时要注意 3 点。第一点注意质量、货源。第二点了解用户的喜好需求，当下适不适合售卖，如果主播在夏天卖貂皮大衣，销售额一定不会很高。第三点寻找产品时还要注意自己问自己是否能够做好该类型产品的销售。

例如，某主播因为对奢侈品包包比较了解，在直播间做二手品牌包包的售卖，如图 8-8 所示。

图 8-8　主播在抖音上做包包的销售

8.2　直播失误，及时处理

直播试用产品的时候翻车了，该怎么办？用户反映下单没有享受到优惠，怎么办？买家秀和卖家秀质量不同，怎么办？在"顾客就是上帝"的今天，作为主播，向用户推广产品，一定要认真负责，对待失误要勇敢面对，以免口碑尽毁。

8.2.1 面对错误，及时纠正

人非圣贤孰能无过，很多初次接触直播带货的主播都会犯一些错误，例如，产品信息了解不全面、带货流程不清晰、试用产品突发状况、品牌方和厂家沟通不到位、发货慢等。犯错以后及时纠正和整改才是正确的处理方式。

任何时候错误和成长都是相互伴随的，没有人能一帆风顺。例如，锤子科技创始人罗永浩在2020年也踏入了直播带货行业。

罗永浩的第一场直播总交易额达到了1.1亿元，售出91万件商品，累计观看人次超过4800万；第二场直播的总交易额超过4000万元，售出商品43万件，累计观看人次超过1150万；第三场直播的总交易额为5715万元，售出商品36万件，累计观看人次超过840.48万。

虽然三场直播都取得了不错的就经济效益，但是许多媒体对罗永浩转战直播行业，是否能够获得很好的发展，还是持怀疑态度。

使媒体持怀疑态度的原因是，虽然罗永浩的直播成绩优异，但是也缺乏相关的直播经验，他在直播过程中存在着很多问题。

例如，他在直播过程中使用了宣传禁用词，说本直播间的产品"全网最低"，这样的词汇过于绝对。因为罗永浩的"全网最低"，其他平台纷纷蹭流量推出更低的价格，很多消费者觉得自己被主播欺骗了。

罗永浩在直播介绍产品过程中频频口误，节奏拖沓，如将"极米"投影仪说成"坚果"投影仪，并且当时"极米"投影仪的负责人钟波还在直播现场。

在罗永浩出现口误后，钟波并没有打断罗勇浩的直播。后来在经过工作人员指出口误之后，罗永浩对着镜头道歉，并希望品牌方原谅自己的"老年痴呆"，如图8-9所示。随后，罗永浩短暂地离开了直播间，称要"压压惊"。

图8-9 媒体评论罗永浩带货

直播结束后，罗永浩直播销售的小龙虾，因为临近保质期而被粉丝吐槽。面对质疑，罗永浩也发微博回复，对消费者作出解释和保证，并承诺如果有漏气涨袋、产品质量问题等可以联系官方客服进行退换货，或者在自己的微博下面反映也会安排换货，如图 8-10 所示。

图 8-10　罗永浩回应小龙虾"临期"问题

8.2.2　不怕犯错，重新再来

在错误中学习到的东西，比我们在任何地方学到的更多。主播只有在一次次犯错中成长，重新尝试、改进和创新，才能取得更大的进步。

罗永浩初次直播过后，有很多用户反映主播语速慢、念错商品、有时忘记给商品链接、产品发货慢等问题。对于质疑，罗永浩表示虚心接受，并且也对自己未来带货直播充满信心，如图 8-11 所示。

图 8-11　罗永浩虚心接受用户指出的缺点

不断地学习，接受用户的真实评价，积极改正错误，以积极的态度面对问题，才能使主播在直播道路上走得更远。

8.2.3 面对失误，及时道歉

主播推荐的产品出现质量问题，要及时地做出回应，向大众道歉。主播只有主动回应用户，秉着公开负责的态度，积极解决问题，才能够赢得用户的认可。

主播作为公众人物，粉丝对主播的言行都有着很高的要求，所以出现直播事故主播要立即回应，否则会越演越烈。

例如，薇娅在直播间卖九阳产品送邓伦手办，薇娅看到评论区有粉丝说想要肖战和王一博的手办，主播薇娅满足了粉丝的要求。随后，直播间里面又有粉丝要求其他明星的照片，然后薇娅跟粉丝开玩笑说"你们想换代言人，是这个意思吗？"因为这一句话，隔天就把薇娅推到微博热搜上，原因是惹怒了邓伦的粉丝。随后薇娅发微博，对邓伦表示歉意，如图8-12所示。

主播的一言一行都被记录着，一句不经意间的话都能够被众人放大和解读。如果主播犯了错，就坦然面对，拿出应有的态度，及时改正。

图8-12 薇娅发微博向邓伦道歉

又如，李佳琦在直播卖不粘锅，把"不粘锅"变"粘锅"事件变成了李佳琦带货生涯的一个黑历史。

小助理准备铲起煎熟的鸡蛋，但鸡蛋牢牢地粘在锅底，并粘到锅上。李佳琦站起身试图救场，一边从小助手手中拿过锅铲，一边说："这个没有放油，它是不粘的，而且不会糊。"最后鸡蛋还是粘锅了。如图8-13所示，为李佳琦的直播间。

最初品牌方回应，产品本身并没有问题，李佳琦不会做饭，操作上有问题等等。李佳琦工作室也表示，他们推荐的产品质量没问题，至于现场粘锅的情况不方便回复。网友说，粘锅是因为没放油等。但是很多用户并不接受这个声明。

不可避免的，这场突发的粘锅事故使李佳琦带货负面新闻的讨论居多。看到这一幕的直播间网友，纷纷留言，如图8-14所示。

图 8-13 李佳琦的直播间

吃米的鱼儿
粘不粘锅和会不会做饭有 毛线关系

豆腐渣掺P君
冰箱里的鸡蛋拿出来放进热锅里……这个"常识"我还真是第一次知道😂这锅太高级了……我估计我用不了

青椒炒肉丝
甚至普通的铁锅,加油也不粘锅。那我还要你不粘锅干啥?!

图 8-14 网友微博评论

由此看出,逃避问题往往不会让用户满意,只有真诚地道歉,主播和用户才会和解。直播结束之后,李佳琦直播粘锅就被顶上了微博热搜。很多网友认为李佳琦不够专业,现在的网红产品并不可信等。

为了平息这场事故对自己的负面影响,李佳琦登上《吐槽大会》真诚地向广大粉丝道歉。登台讲话的时候,他在回应此事件用诙谐的语言表示:"不粘锅粘锅翻车不是它的锅,是我的锅,所以我要向锅道歉。"李佳琦道歉后,很多用户都表示接受,该事件逐渐平息下来了。

8.3 直播过后,复盘改进

犯错并不可怕,重要的是你要避免下一次犯同样的错。通过复盘,主播可以了解自己哪些地方表现不好,并进行反省和改进。

8.3.1 观看回放，复盘流程

复盘是一种自我检查的活动，主播可以从复盘中认识自己的错误，并且逐渐改正错误，使自己的能力得到更大的提升。通过复盘，主播可以了解品牌的口碑数据、产品销量、用户比例，并了解产品的销售情况，做好个人总结，不断地改进和提高。例如，了解和发现自身的不足，更加规范自己的语言，与品牌方沟通库存和发货，处理好产品售后问题和直播节奏语速要加快等。

8.3.2 与品牌方，一起解决

品牌借助主播的名气和传播能力，宣传产品，将主播的人气变成产品的购买力，同时当产品出现质量问题时，主播和品牌方都要承担责任。

品牌方和主播在同一条战线上，一荣俱荣一损俱损。一些优秀的主播经常能在几个小时内卖出上千万件的货品。卖出的产品数量很多时，就可能会有发货慢、产品没做好包装等问题。主播要和品牌方一起解决这些问题，提高用户的满意度。

8.3.3 找到问题，负责到底

"顾客就是上帝"，主播在面对用户差评时，不能自暴自弃，也不能狂怼用户，而要慢慢地改进，及时找到解决问题的方法，弥补用户的损失。

面对问题，要给用户一个好的交代，找到最适合的解决方案。例如，罗永浩直播时面对问题，就进行了回应和处理。

1）面对用户"全网最低"价格的质疑

罗永浩向用户表达了自己的看法，罗永浩回复，其他平台的更低价格是平台为了蹭其流量。各大平台也纷纷蹭热度压低产品价格，推出"低于老罗"同款商品。

2）面对用户对产品质量、售后、发货慢的吐槽

对于小龙虾产品"临期"还有涨袋、包装破损等质量问题，罗永浩回应用户，对涨袋情况会负责到底，小龙虾是去年捕虾旺季制作的，液氧速冻小龙虾保质期为18个月，质量本身没有问题。包装破损等可以直接在微博评论区评论，或者找品牌商退货，及时协商解决。面对发货慢、数量不对等的问题，品牌方信良记发出道歉信，并承诺对顾客进行补偿，罗永浩转发了道歉信。

3）面对用户对主播专业度的质疑

对于网友质疑的直播不专业、流程不熟悉、产品不了解、直播节奏过于拖沓、缺乏持续吸引力等，罗永浩承认是自己的问题，说自己还是一个新主播，要学习的地方还有很多。

面对问题，主播寻找问题发生的原因，积极地改进，勇于承认错误，敢于担当，以正面的态度去面对，直接回应用户的抱怨，积极挽回自己的口碑。

第 9 章
种草带货，主要策略

学前提示

主播是采用什么策略把产品推销出去，使用户心满意足地把商品买回家的呢？本章将具体讲述主播种草之前的必备因素，种草产品的 6 种玩法，直播带货种草的主要策略。

要点展示

- 做好种草，必备因素
- 种草产品，6 大玩法
- 直播种草，主要策略

9.1 做好种草，必备因素

网络名词"种草"的意思是指某人将一件物品推荐给另一个人，激发另一人的购买欲，使另一个人也购买。这就叫一个人给另一个人种草。这里的"草"可以指"长势很凶猛的购买欲"，也可以指代"推荐的物品"。这一节就具体讲述主播在"种草"前要做好的事。

9.1.1 充足货源，保证速度

主播在"种草"前需要了解供应商拥有的货物数量和物流速度。充足的货源意味着当主播把产品推广出去以后，用户已经付款，供货商就能够立即发货，不会出现订单延迟、用户投诉的现象。让货物以最快的速度到达用户的手中，使用户得到满意的消费体验。反之，没有充足的货源，往往会受到很多用户的催促和投诉，带货主播也会受到不好的影响。

例如，某用户在直播中购买了拉面，但是商家却逾期未发货，于是该用户向新浪旗下的消费者服务平台"黑猫投诉"进行投诉，要求商家进行退款、赔偿、道歉、作出处罚和发货，如图9-1所示。

我投诉他们未按规定时间发货，却给主播引流后拍的消费者优先发货。客服无效作为

 匿名 发布于 2020年03月09日 21:35

投诉编号： 17348987413

投诉对象： 拉面说

投诉问题： 逾期未发货

投诉要求： 退款,赔偿,道歉,作出处罚,发货

涉诉金额： 208元

投诉进度： 投诉已完成

图9-1 用户在"黑猫投诉"平台进行投诉

充足的货源还有一个好处，就是产品的种类多且齐全。在直播过程中，种类多可以使用户有更多的选择，用户不喜欢粉色，但可能喜欢黄色，只要提供的选择足够多，就能吸引用户购买。

有些直播间，刚一进去，货物就被抢光了，还有一些用户想买却买不到，这

就会使商家失去一些订单。有些用户对自己喜欢的产品都有固定的要求，如果自己满意的商品下架了，用户也就不会购买了。

由此看来，直播种草的基础就是充足的货源。主播对供应商的选择是非常重要的，主播没选好供应商就会出现缺货和发货慢的问题。

9.1.2 原创视频，吸引用户

在直播之前要对产品有更加深入的了解，淘宝店家可以拍摄相关小视频展示产品的外观和性能。小视频可以使用户在观看直播之前通过视频内容直观地了解产品，增加用户的购买欲望。通过小视频的展示，吸引更多的用户。

例如，淘宝店铺"eunina达人"的产品休闲圆领卫衣制作了小视频，通过小视频中模特的展示使用户对产品产生兴趣。如图9-2所示为产品原创小视频。用户对产品感兴趣，进而点击右上角"直播中"去围观店铺直播。如图9-3所示为店铺直播页面。

图 9-2　产品原创小视频

图 9-3　店铺直播页面

9.1.3 突出优势，打动用户

主播要从用户的角度进行思考，思考产品能够给用户带来什么样的好处，哪些地方会吸引用户下单购买。用户购买某一产品，首先考虑的应该是产品能给他们带来什么样的助益，即产品能影响到用户的哪些切身利益。因此，主播需要知道产品的卖点和优势，从而影响用户、打动用户。如果在直播中，你介绍得不够详细全面，用户可能因为了解不够仔细而放弃下单。

例如，湖南卫视节目主持人李湘，第一次直播带货时就因为不了解产品的优势特点，貂皮大衣未卖出一件，奶粉也只卖出 26 桶。

一般来说，假设某一产品在直播过程中突出体现了产品功能，能让用户感到对自己有益，就能打动用户和激发用户购买欲望，实现营销目标。

比如，主播可以运用对比突出产品优势，从消费者的角度对产品进行全面、详细的介绍。必要时，可以利用认知对比原理，将自身产品与其他店家产品进行比较，体现自身的优势。例如，在包包的直播中，可以将正品与市场上的假货进行比较，向用户展示自身产品的优势，让用户在对比中提高对产品的认知。

例如，淘宝店铺"丸子酱眼部护理"，主播开始介绍丸美眼霜的优势。丸美眼妆产品针对一些有黑眼圈、眼袋的用户，具有保湿、提拉、紧致、抗皱的作用。产品的优势是该品牌护肤品是从眼霜做起，有全球最大最专业的眼部肌肤研究中心。主播通过对比其他品牌的眼霜，增加产品优势，吸引用户购买，如图 9-4 所示。

图 9-4　主播向用户展示眼妆产品

9.2　种草产品，6 大玩法

直播带货的营销价值正在逐渐被人们认识，一场好的直播，对品牌方来说都是一种塑造自身口碑、促进销量的方式。主播应该如何吸引用户购买，提高成交量呢？

本节将向读者介绍 6 种主播种草的玩法。

9.2.1 开箱种草,吸引注意

开箱种草是主播吸引用户观看的有效方式,因为这种方式能带动观众的情绪,让用户有看下去的欲望。

先让用户猜一猜会介绍什么产品,引发用户的好奇心。并且主播在拆开包装之前,可以摇一摇或者是向用户描述自己的感觉,用非常激动的心情带动用户的心情,使用户产生好奇心理,如图9-5所示。拆开品牌商品包装以后,主播用惊讶的、激动的表情,为用户营造一种惊喜的氛围。观看直播也能让用户感同身受,从而引导用户释放自己的购物欲望,完成种草任务。

图9-5 主播向用户展示自己开箱的过程

9.2.2 剧情种草,带入情节

剧情式种草,就是主播利用生活中常见的情节及道具,设计一场小短剧,根据自身的人设推广产品,让用户在观看表演的同时,加深对产品的理解,触达消费终端。也可以运用话题,将话题与产品联系起来。

9.2.3 测评种草,内容丰富

测评种草是近几年比较流行的产品推广方式,常见的测评方法有下述3种。

(1)主播将各个品牌的产品汇总,进行比较测评。主播亲自试用产品并向受众分享产品的使用感受、性能。

(2)主播也可以用测评打假的方式,介绍劣质产品的特点,然后再向用户种草其他产品。

（3）主播可以正话反说，先用犀利的语言吸引用户，然后再全方位地向用户展示产品，将恶评转化。

例如，主播"小白测评"在直播过程中，就是通过第一种测评方法，测评小米 10 青春版。在测评的过程中，主播不仅对产品进行了分析，同时还将该产品和其他同类产品进行了比较。

如图 9-6 所示为小米 10 青春版和荣耀 30S 后置录像对比。如图 9-7 所示为小米 10 青春版、Redmi K30 Pro 变焦版、荣耀 30S、iQOO Neo3 下载原图画质对比。

图 9-6　产品后置录像对比

图 9-7　产品下载原图画质对比

9.2.4 明星种草，借助名气

明星嘉宾种草是近年来最受用户欢迎的种草模式，话题明星能够吸引用户的眼球，很多明星带货都取得了不凡的成绩。有一些明星自己做主播，参与带货，也有一些明星到其他主播的直播间帮忙带货，无论是哪一种方式，都吸引了一波用户流量。

例如，演员王祖蓝现在变身抖音主播。王祖蓝本身就是一个知名的公众人物，他的主播比一般带货小主播更容易吸引用户观看，并且王祖蓝有很强的"综艺感"，他语言幽默，在直播间经常逗笑用户。

网友直呼，王祖蓝的直播好有趣，看他直播就像在看综艺节目。王祖蓝通过淘宝直播，线上售卖珠宝，总共卖出了一万件珠宝，成交额超过 300 万元。像王祖蓝一样的直播带货的明星还有李湘、李响等。

主持人李响说，为了提高自己直播的专业度，在开播之前也会反复练习话术，李响带货的成绩也非常好，第一场当晚直播间观看，人数达 59.16 万，总销量达 37757 件，最火爆单品售出 62624 件，总销售额超 193 万元。由此可以看出，明星带货的实力不容小觑。

淘宝主播"薇娅 viya"也会利用明星效应，邀请当下知名的明星来到直播间和粉丝交流互动。例如，流量明星鹿晗来到直播间时有两千万人观看直播。在直播间里，鹿晗和主播薇娅聊天自拍、向主播学习如何带货等，如图 9-8 所示。

主播通过邀请明星来到直播间，不仅可以给主播自身带来名气和关注度，而且明星也可以通过来到直播间和用户见面，与粉丝互动。

图 9-8　鹿晗来到薇娅直播间直播带货

9.2.5 种草名单,展示大纲

主播在直播推荐过后,可以用一个小黑板写一个大纲,向用户展示的所有内容干货,做一个总结使其加深理解,这就是"种草名单"。通过种草名单给用户留下一个很好的印象,方便用户截图保存。

9.2.6 知识分享,干货满满

在哔哩哔哩平台上有很多做知识分享类种草的账号,主要方式是主播从自身角度讲述自己在这一领域的心得。例如,主播可以从护肤美容、化妆、穿衣显瘦等生活实用技巧分享方面向用户种草或者拔草。

知识分享种草的好处是主播在直播过程中不会单刀直入地介绍产品的性能、产地让用户去买,而是从个人的体验经历、产品的对比、使用方法等角度讲解产品。主播通过理论知识向用户推广,使用户对产品产生认同感。最后,观众购买产品的同时,也学习到了一些与产品相关的小技巧。

例如,某主播在哔哩哔哩平台上介绍法国香水,主播首先介绍香水的历史、香水如何使用、香水使用的误区。其次,在知识科普的过程中捎带介绍"香奈儿5号香水"的优点和个人喜欢的使用方法。知识分享种草更像是一个朋友的知心推荐,这个时候不管是硬植入还是软植入都不会让粉丝太反感。主播正在介绍法国香水,如图9-9所示。

图9-9 主播在介绍法国香水

9.3 直播种草，主要策略

所有的直播营销，最终的目的都只有一个：变现。变现即利用各种方法，吸引用户流量，让用户购买产品、参与直播活动，让流量变为销量，从而获得盈利。本节将向大家介绍几种变现的策略，以供参考。

9.3.1 展现细节，突出优势

直播与其他营销方式最大的不同就是直播能够更加直观地让用户看到产品的优劣，从而让用户放心地购买产品。要做到这一点，商家就要在镜头前充分展现出产品的优势，具体应该怎么做呢？笔者将其总结为以下3点。

（1）主播要展示产品的近景和远景，给用户不同的感受。
（2）主播要呈现产品细节，用小细节吸引用户。
（3）主播要满足用户的需求，根据用户请求展示产品。

例如，淘宝有一家销售鞋子的店铺，在直播中，为了让用户看得更加清楚，该店的主播还将鞋子放在镜头前给粉丝看细节，以便用户买得放心，如图9-10所示。用户单击"马上抢"就可以进入购买页面，如图9-11所示。

这个主播就满足了展示产品的3个要求，也因此得到了很多用户的信任和喜爱，从而也使流量高效变现。

图9-10 主播近距离展示产品的直播　　图9-11 单击"马上抢"按钮进入购买页面

9.3.2 一心一意，专注产品

一场直播只推销一个种类的产品，这听起来会不利于产品的促销，但实际上为了让用户更加关注你的产品，专注于一种类型的产品才是最可靠的。而且这种方法对于那些没有过多直播经验的主播来说更实用。

因为直播和学习一样，不能囫囵吞枣，一口吃成一个胖子。一般来说，一场直播专注于一种产品，成功的概率会更大。当然，在打造专属产品时，主播应该可以有效地注意两个要点，即提前规划出爆款产品；借助事件或者热点推广产品。

9.3.3 福利吸睛，引导用户

想让用户在观看直播时快速下单，运用送福利的方式能起到很好的作用。因为这种方式可以有效地抓住用户偏好优惠福利的心理，从而能够很好地"诱导"用户购买产品。

例如，有一个叫"卡卡米童装"的淘宝店家，进行了一场促销活动。在直播中，主播为了最大限度地吸引用户购买产品，发出新品85折福利，如图9-12所示。

如果用户觉得合适，可以点击左下方按钮，选择购买。部分产品上新前两个小时拍下，直接降价20元，如图9-13所示。

图9-12　新品85折福利

图9-13　点击按钮购买

在直播中，主播以"福利"为主题，使出了浑身解数进行促销。首先是全面为用户介绍产品的优势，其次是在背景墙上表明"清仓、秒杀"等关键字眼，引起用户的注意，最后是直接在直播中送秒杀福袋的福利。通过这些努力，观看直播的用户越来越多，流量也就会不断地转化为销量。

当然，给用户送福利的方法除了能在清仓的时候使用，在新品上架的时候同样也很适用。而且这种送福利的方式能在更大程度上调动用户购物的积极性，上新时的优惠谁会舍得错过呢？

一般的企业、商家在上新时都会大力宣传产品，同时用户也会对新品充满无限期待，但由于价格高昂，让很多用户望而却步。所以，如果在新品上架时给用户送福利，更能吸引其毫不犹豫地下单。

这样一个新款秒杀直播在短短的时间内就吸引了 3 万多用户观看，获得了大量的流量，产品销量也是不断上升，可见效果非常惊人。

此外，在直播中主播给用户发送优惠券也会吸引用户购买。人们往往会对优惠的东西失去抵抗力，像平时人们总会愿意在超市打折、促销的时候购物一样，用户在网上购物也想获得一些优惠。

在直播中送优惠券的方式可分为两种，具体如下所示。

（1）通过直播链接发放优惠券。

（2）在直播中发送优惠券。

例如，淘宝店铺"夏大大大码女装"为了推销新款产品，进行了一次主题为"新款限时福利"的直播，关注主播可以领取 5 元无门槛红包，观看 5 分钟直播领取 138 - 10 元券，点赞 366 领取 20 元券，所有的产品只有在直播的时候享受折扣，这场活动吸引了众多用户围观，如图 9-14 所示。用户在观看直播的同时，点击链接，小黑裙原价 118 元，现降价至 59 元，如图 9-15 所示。

图 9-14　新款产品特价直播

图 9-15　小黑裙降价到 59 元

还有一些主播会举办一些优惠活动,以吸引用户。例如,抖音主播"七哥小摊"在直播间发起"新来的一元包邮"活动,只需要在评论下方打出"新来的"这3个字,用户就有机会中奖。只花一元钱,产品就会送到家,活动一开始就吸引很多用户观看,如图9-16所示。

主播还可以通过赠送产品的方式体现产品的物美价廉。例如,纽西之谜水咋弹面膜99元3盒,薇娅是这样表达的:"今天晚上面膜第一盒69,第二盒30,第三盒不要钱。"这样的表达方式会使用户觉得产品特别优惠,不仅打消了用户因产品降价产生对质量的不信任感,还能够让用户买得开心、用得放心,如图9-17所示。

图9-16 主播开展"新来的一元包邮"活动　　图9-17 主播讲解面膜活动

9.3.4 物美价廉,口碑建立

用户经常会被一些特价活动所吸引,从而点开页面。在直播中体现物美价廉是吸引用户关注并下单的又一个技巧。比如,主播在直播时反复说"性价比高,包您满意"等语句。

有很多人觉得这样吆喝太直接,但用户其实需要主播向他们传达这样的信息,因为大部分消费者都持有物美价廉的消费观念。

如何让用户感觉产品特别实惠呢?相信大部分读者都对"饥饿营销"这个词语有所耳闻。比如各种限量发售的名牌球鞋、限定大牌口红,一经发售往往会出现"秒空"的盛况,这种适用于品牌销售上的营销方式。

主播要制造稀缺感,当主播说"秒空""卖得很快""超级实惠"的时候,用户觉得自己需要马上去抢优惠，不然就没有了。饥饿营销的第一步就是利用人的稀缺心理制造稀缺感。往往机会越难得、价值越高的产品，吸引力就越大。

举例来讲，当一件商品的库存为500件，观看直播的人数为1000人时，A主播宣布秒杀时间为10分钟，并告诉粉丝库存为500件；B主播同样给粉丝10分钟时间进行秒杀，但告诉粉丝只有100件库存。在相同的时间里，试问哪位主播的营销效果会更好呢？肯定是B主播。让用户觉得产品不多，当抢到产品时，用户就会有一种自豪感，感觉买到就是赚到。

主播还营造了一种"这个价格来之不易，过了这个村就没这个店"的感觉，使粉丝在争夺中抢到商品。如果在一场营销中，只有限量，却没有营造出粉丝互相争抢的氛围，其营销效果往往不会太好。饥饿营销这种方式往往会受到消费者的追捧，利用稀有内容还可以提升直播间的人气，无论是对主播还是对企业来说，都能增加曝光率。

例如，淘宝主播"烈儿宝贝"在直播带货的时候，经常告诉用户销量。她通过语言向用户表示产品，"卖出了一千五百件现货一分钟售完""没有了吗？两千个没有了吗"，让用户感觉此产品特别抢手，从而想要马上下单，如图9-18所示。

图9-18 "烈儿宝贝"的直播

主播可以从产品和价格两方面入手，在介绍产品优势的同时，介绍产品的优惠活动，降低产品的价格。例如，有一位试图推销VR眼镜的淘宝店主在斗鱼直播平台进行直播时，就利用几个技巧吸引了上万用户的关注，一时间这家店铺的热度迅速上升，产品也由此得以大卖。那么，这位淘宝店主究竟是怎么做的呢？

笔者将其营销流程总结为 3 个步骤，如图 9-19 所示。

同时，在直播中，主播还给用户送上了特别优惠，给"物美价廉"又增添了几分魅力，不断地吸引用户前去淘宝下单。这款产品也成为该主播的最热爆款。

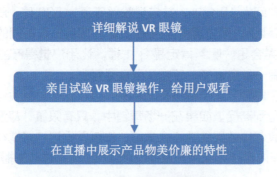

图 9-19　VR 眼镜的直播流程

9.3.5　设置悬念，吸引人气

制造悬念吸引人气是很多营销者一直都在使用的一种方法，这对直播变现也同样适用。比如在直播中与用户互动交流，激发用户的参与热情，可以使用户对交流充满期待和好奇。

此外，通过直播标题和内容设置双料悬念也是网罗人气的一大绝佳方法。有些直播标题虽然充满悬念，但直播内容却索然无味，这就是人们常说的"标题党"。那么，该如何设置直播标题悬念呢？笔者将其总结为 3 种方法，即解密式、日常悬念式和事件性悬念式。例如，该主播的标题"独家神仙穿搭大公开"使用户好奇，是什么神仙穿搭？这种解密式的悬念，就能吸引用户点击，如图 9-20 所示。

图 9-20　悬疑式的标题内容

至于制造直播内容方面的悬念，要根据自己的实际情况进行直播，一定要考虑到产品的特色以及主播的实力等因素，不能夸大其词。

9.3.6 多种对比，优劣立显

买家在选择购买商品时都喜欢"货比三家"，最后选择性价比更高的商品。

但是很多时候，消费者会因为不够专业而无法辨认产品的优劣。这时候主播在直播中则需要通过与竞品进行对比，以专业的角度向买家展示差异化，以增强产品的吸引力以及优势。

例如，"口红一哥"李佳琦在直播间试色爱马仕口红时，由于其色号不适合亚洲人的肤色，李佳琦在直播间的表情也"逐渐凝固"。正是因为有对比才有优劣之分，李佳琦在直播中对不一样的产品有着专业的比较和评价，才会让粉丝更加信赖他所推荐的产品。

在这些诀窍中，尤其是主播亲自试穿、试用产品这一点更能引起用户的注意，获得用户的信赖。比如，淘宝店铺中有一个专门卖包包的店家，在直播中不断展示包包的材质、特点、款式，并与仿制品相对比。不仅如此，就连拉链、包包里面的小口袋也都一一为用户呈现，如图 9-21 所示。

图 9-21 淘宝包包店家在直播中亲自对比产品

由此可以看出，在直播中利用对比的方法确实能吸引用户的关注，而且能为直播增加一些乐趣。

当然，主播在将自家产品与其他产品进行对比时，也要注意文明使用语言词汇，不能以恶劣、粗俗不堪的语言过度贬低、诋毁其他产品。只有这样，用户才会真正喜欢你的直播、信赖你的产品。

笔者将在直播中进行产品对比的小诀窍总结为 4 点，即在直播中立体展示产品对比；亲自做实验对比；自家产品与仿制产品对比；主播亲自试穿、试用产品。

9.3.7 明星效应：吸引用户

明星的一举一动都会受到大众的关注，并且明星的粉丝数量是非常多的，忠诚度也相对更高。由于其影响力比普通主播更大，因此当明星出现在直播间与粉丝互动时，场面会更加火爆，对企业营销的效果也会更好。

企业在选择这一方式进行直播营销时，应提前做好预算，并选择与企业产品贴合度最高的明星进行合作。

第 10 章
大势主播，IP 的塑造

学前提示

互联网的发展大大地降低了主播的门槛，让更多人的梦想得以低成本实现。而到了以粉丝经济为基础的红人经济时代，主播所花费的成本将变得更低，而回报也会更丰厚。本章主要介绍 IP 的主要属性、人物 IP 的特点以及 IP 如何掘金，帮助主播挖掘其 IP 潜质。

要点展示

- 根据属性，强化 IP
- 人物沉淀，尽显 IP 特点
- 不断输出，IP 产业链
- 掘金时代，IP 的变现

10.1 根据属性，强化 IP

全世界都在谈论 IP，IP 究竟是什么东西？简而言之，IP 就是招牌，就是标签。在直播之前，我们有必要事先了解如何塑造主播的强 IP 属性。

10.1.1 传播属性，IP 覆盖广

随着移动互联网的飞速发展，网络上的各种内容传播的速度也在不断加快，无论是人还是事物，想要获得更大的曝光率、更多的粉丝，在社交平台上拥有更高的传播率，必须具有一个鲜明的特征。

例如，有"带货女王"之称的杨幂，每次上街杨幂的穿搭都能被粉丝扒出来，并引起很多话题。无论是平价服饰还是高奢服饰，她穿什么品牌就能带火什么品牌。如图 10-1 所示，为杨幂上街穿搭。

图 10-1　杨幂上街穿搭

IP 这个概念可以运用在生活的方方面面，一个明星需要一个 IP 来包装自己，她的 IP 可以是自己的经历和故事，也可以是自己的外在形象。一个好的 IP 可以吸引更多的粉丝，创造更大的价值。

IP 的特点是能够更快地传播。例如，2020 年 1 月 17 日，杨幂微博发文称其成为意大利裤袜品牌亚太地区的代言人。如图 10-2 所示，为杨幂的品牌宣传微博。杨幂作为一个强大的 IP，信息传播的范围比较广，因为影响力巨大，所以获得了高额的回报。

图 10-2　杨幂的宣传微博

杨幂作为国内一线知名女星，微博拥有 1.07 亿粉丝，受众群体十分广泛。杨幂为一个品牌代言，就会引发粉丝的热烈讨论。如图 10-3 所示，为微博评论区粉丝的讨论截图。

图 10-3　杨幂的微博评论区下粉丝的讨论截图

这条微博在极短的时间内就有上万人进行转发分享，微博上也出现了关于"杨幂代言"之类讨论超级话题。讨论话题为：杨幂穿着丝袜和高跟鞋，一点儿都不像一个当妈妈的人，充满了少女感，幂幂好美等，使品牌获得了很大的影响力，吸引了更多的人参与传播。

从这个事件就可以看出，好的人物 IP 影响力会更强。同时，口碑也是 IP 传播属性的重要体现。所谓口碑，也就是人们对一个人或一种事物的评价。很多时候，人们的口耳相传往往比其他宣传方式更加直接有效。

游戏主播"旭旭宝宝"在直播圈的口碑很好。原因是"旭旭宝宝"对待粉丝热情亲切，积极与粉丝沟通，常常保持微笑，在直播间里也常常与粉丝互动开玩笑，并且从来不要求粉丝给他刷礼物。

知名的游戏主播"卡尔"的良好口碑源于他不仅待人亲切、游戏技术很好，而且很讲礼貌。很多游戏主播打游戏输了或者情绪激动时都会不由自主地说脏话，而"卡尔"在直播过程中从来都不会说脏话。他像一个邻家的小孩，给人一种亲近感。如图 10-4 所示为"卡尔"的游戏直播页面。

图 10-4　"卡尔"的游戏直播

一个主播的形象之所以能够深入人心，是因为主播注重其口碑传播的属性。口碑传播越强，品牌效应就会越大，营销也会越来越成功。因此，主播需要全力塑造自己的口碑，使自己的 IP 传播得更广。

> **专家提醒**
>
> 口碑传播可信度高、亲和力强、传播范围广。主播吸引一个铁杆粉丝，这个粉丝可能就会向身边的亲戚、朋友推荐你。良好的口碑会为主播树立一个良好的形象，吸引更多的潜在用户。
>
> 每一个主播都应凭借自身的魅力，建立起自己的口碑，从而吸引更多的粉丝，逐渐拥有更大的影响力。

10.1.2 内容属性，IP内容好

如果一个IP想要吸引更多用户，就应该打造优质且真正有价值的内容，内容属性是IP的一个必不可少的属性。

随着时代的发展，平台的多样化，从微博到微信公众号，内容生产者的自由度也越来越高。相应地，内容也开始变得多彩多样、个性十足。

面对如此繁杂的信息内容，用户不免有些审美疲劳。那么，该如何吸引用户的眼球呢？这时候就需要内容生产者时刻把握市场动态，关注用户的需求，然后制造出相应的内容，打造一个强大的IP。

例如，被冠以"2016年第一网红"称号的"papi酱"就是这样一个超级IP，其IP价值估值达到了3亿元。正如她自己所说，她是一个普通的大龄女青年，也是一个集美貌、才华与智慧于一身的美少女。她之所以能够成为一个强IP，是因为她发布的一些视频大部分都有着清晰的价值观，她通过犀利的语言和幽默的表达对生活中一切"装"的行为进行吐槽，在内容上贴近年轻人的追求。

2016年6月27日，"papi酱"开始第一次直播。这一次直播在美拍、斗鱼直播、百度视频、优酷直播、今日头条、花椒等平台同步进行。如图10-5所示，为"papi酱"第一次发布的直播视频。

图10-5 "papi酱"初次直播

如今，"papi酱"已经是一个强大的IP的主体，很多粉丝喜欢她贴合生活的吐槽。"papi酱"的成功告诉很多主播，要找到自己与众不同的点，创造一个优质且有价值的内容来打造自己的IP。

除此之外，内容属性与年轻群体的追求也是分不开的。一个IP是否强大，

主要是看它塑造出来的内容是否符合年轻人的喜好。总之，成为一个强 IP 不仅内容质量要有保证，还要无限贴近年轻人的追求。主播也是一样，创造的内容要优质且有价值才能吸引广大用户的目光。

10.1.3　粉丝属性，IP 黏性强

"粉丝"这个词相信大家都不会陌生，那么"粉丝经济"呢？作为互联网营销中的一个热门词汇，它向我们展示了粉丝支撑起来的强大 IP 营销力量。可以说，IP 就是由粉丝孵化而来的，没有粉丝，也就没有 IP。

抖音网红"温精灵"通过拍摄抖音短视频和进行抖音直播，收获了大量的粉丝。抖音视频包括惹毛妈妈的一百种方式，内容主要为模仿和吐槽妈妈、和妈妈角色互换、惹妈妈生气、让妈妈给爸爸说土味情话、教妈妈演戏等。视频搞笑，受到很多粉丝的喜欢，每条抖音视频都有上万条评论。

视频展现女儿和妈妈相处的日常生活，充满生活气息。主播在抖音平台上有 1457.4 万粉丝、2 亿个赞。如图 10-6 所示为"温精灵"在抖音上的粉丝数量。

图 10-6　"温精灵"在抖音上的粉丝数量

专家提醒

热门 IP 如何由粉丝孵化而来？把握自己的特色，与粉丝拉近距离。

当然，"粉丝经济"不仅在于为 IP 带来影响力和推广力，最重要的还在于将粉丝的力量转变为实实在在的利润，即粉丝变现。

例如，"温精灵"爆红以后，经常在抖音上直播为品牌代言，这样的合作方式为主播和产品商都带了巨大的经济效益。在 2020 年 1 月 3 日开展的抖音 city 上，温精灵空降浙江馆给粉丝送礼物，有粉丝在现场大喊"爱精灵"。

"温精灵"的 IP 营销也大获成功，粉丝摇身一变成为消费者，其潜在购买力被激发，转变为看得见的利润。

粉丝属性是 IP 的重要属性，粉丝不仅能推动企业传播和品牌的宣传，还能为企业的盈利作出贡献。主播也应学会经营粉丝，这样才能让自己成为一个超级 IP。

10.1.4 前景属性，IP 价值高

一个强大的 IP，必定有一个良好的商业前景。如果一个明星想要将自己打造成一个强 IP，就必须给自己赋予商业价值。

例如，爆火的少年偶像组合 TFBOYS，商业价值也是一飞冲天，接代言接到手软，如图 10-7 所示。

No.	王源	王俊凯	易烊千玺
		代言人	
1	巴黎欧莱雅彩妆代言人	OPPO明星家族成员	宝马新生代代言人
2	Fresh馥蕾诗品牌代言人	BOLON眼镜品牌代言人	天猫首位代言人
3	肯德基品牌代言人	肯德基品牌代言人	华为nova全球代言人
4	统一鲜橙多品牌代言人	飘柔全球代言人	阿玛尼彩妆代言人
5	中华牙膏品牌代言人	香飘飘品牌代言人	阿玛尼男士护肤代言人
6		安热沙品牌代言人	adidas Originals品牌代言人
7		炫迈品牌代言人	依云品牌全球代言人
8		51Talk品牌代言人	日默瓦中国区品牌代言人
9			adidas neo品牌代言人
10			百度APP代言人
11			喜马拉雅品牌代言人
12			百草味品牌代言人
13			优益C品牌代言人
14			康师傅绿茶品牌代言人
15			欧乐B品牌代言人
16			可爱多品牌代言人
17			

图 10-7 TFBOYS 商业代言

TFBOYS 刚出道时虽然遇到了重重困难，但时间证明，他们的商业价值是不可估量的。TFBOYS 不仅已经成为一个十分强大的 IP，而且其前景也一片大好。

当然，既然说的是前景属性，那么并非所有的产品在当下都具有商业价值。企业要懂得挖掘那些有潜力的 IP，打破思维固态，从多方位、多角度进行思考，全力打造符合用户需求的 IP，才会赢得 IP 带来的人气。主播同样也要学会高瞻远瞩，看准发展方向，拓宽发展空间。

除此之外，伴随性也是一个强 IP 不可或缺的特征。何谓伴随性？简单地说就是陪伴成长，让一个粉丝陪伴一个主播从无到有。

打个比方，如果你面前有两个产品供你选择，价格相等，你会选你从小用到大的产品，还是一个新产品？相信大多数人都会选择从小用到大的产品，因为从小用到大的产品使用户对其有了感情，其中承载了成长的点滴。

从零开始学做主播

所以说，一个 IP 的伴随性也直接体现了其前景性。如果 IP 伴随着一代又一代人成长，那么它就会打破时间和空间的限制，创造出无穷无尽的商业价值，持久弥新。作为主播，与粉丝拉近距离，让粉丝守护自己，这样才能成为具有商业价值和市场前景的 IP。

10.1.5 内涵属性，IP 深度高

一个 IP 的属性除了体现在外部价值、前景等方面，还应注重其内在特有的情怀和内涵，而内涵则包括很多方面。例如积极的人生意义、引发人们思考和追求的情怀以及植入深刻价值观的内涵等。

打造 IP 最主要的目的还是营销。所以，IP 的内涵属性要与品牌自身的观念、价值相契合，这样才能吸引用户的眼球，将产品推销出去。

例如，游戏主播"张大仙"就不只是把眼光放在直播平台上，"张大仙"获得成功以后，他把重心转向线上活动，签约苏宁，在电子消费平台做首席产品体验官。如图 10-8 所示，为"张大仙"出任苏宁电子产品消费平台产品体验官。

图 10-8 "张大仙"任苏宁电子产品消费平台产品体验官

从游戏主播"张大仙"的事例中可以看出，企业将自身的特质内涵与主播 IP 相结合，让消费者自愿参与到营销之中，使企业的 IP 走上了强大之路。同样的，主播只有将自身的闪光点与品牌结合起来，才能成为一个强 IP。

专家提醒

丰富 IP 内涵，需要企业将主要精力放在内容的制作上，而不是单纯地追求利益最大化。急功近利是打造 IP 的大忌。只有用心，才会使用户投入其中，从而彰显 IP 的内在价值。

10.1.6 故事属性，丰富形象

故事属性是IP吸引用户关注度的关键属性，一个好的IP，必定是有很强的故事性的。有影响力的人物背后都有支撑他们的故事，因为IP背后的故事使IP的形象更加丰满，更容易被记住。

例如，YY平台的"于利先生"，人称利哥。他的故事就是从一个修理工逆袭成为身家千万的大网红。利哥曾在直播间说，自己未成名时吃过很多苦，早期捡过废品、拉三轮、开修理店，后做专职主播和粉丝聊天交流，再到创立舞帝传媒公司、个人出资拍摄《岭城兄弟》等。正是因为主播利哥这个IP背后内容丰富，才使利哥这个IP更加鲜明。如图10-9所示为利哥直播间页面。

图10-9 利哥直播间

现如今，利哥的人气依旧居高不下。为什么利哥会成为一个大IP呢？如果我们仔细分析每一个强IP，都不难发现他们都有一个共同点，就是故事性强。正是这些IP背后的故事，引起了用户的兴趣，造成了市场轰动。曾有记者询问利哥直播心得，利哥说，我尊重粉丝，回复粉丝，日复一日地直播，充分地与用户交流，经常和用户说话，让他们参与进来，调动直播间的氛围，让更多的人认识我、了解我。

好的故事总是招人喜欢的，在IP这种故事属性中，故事内容的丰富性是重中之重。可以叙述自己曾经的经历、曾经的努力和现在的收获，对于主播来说，如果你有好的故事，就一定能吸引用户。

10.2 人物沉淀，尽显IP特点

打造人物IP的本质其实还是内容，因为吸引粉丝靠内容。那些能够沉淀大量粉丝的人物IP除了拥有优质的内容外，他们还有一些共性的特点，本节将进行具体分析。

10.2.1 社交网络，媒体发展

人物 IP 的兴起并不是偶然现象，而是社交网络媒体发展过程中的一种新产品，网红们也因此成为最大的受益者。

从网红卖货到明星卖货，越来越多有名气的人进入直播行业，在"网红经济"兴起的时代分一杯羹。例如，微博重点打造了"红人淘"移动平台，以社交电商模式将强大的设计关系实现变现。"红人淘"是微博与淘宝合作推出的移动产品，实现了红人经济与电商平台的结合。其中，淘宝带来了庞大的商品库，而微博则提供了优质的内容，从而将"红人淘"打造成为一个有价值的购物社区和分享平台。

同时，平台还基于红人经济推出了内容合作模式，只要创业者有独创的内容或者丰富的导购经验，擅长搭配、有个性、有品位、有颜值等，即可加盟"红人淘"平台。从目前来说，正是自媒体平台的发展催生了网红，同时也刮起了"IP"营销风潮。那些被粉丝追逐的人物 IP，他们在社交网络媒体上都拥有良好的用户基础，所以才能取得好的成绩，尤其是一些热点 IP，更是成为内容营销的争抢目标。如图 10-10 所示，为生于社交网络媒体的人物 IP 的主要特点。

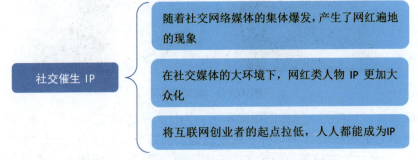

图 10-10 生于社交网络媒体的人物 IP 的主要特点

社交网络媒体的流行，尤其是移动社交平台的火爆，让很多能够创造优质内容的人变成主播，这种趋势还将进一步延伸。

10.2.2 商业变现，能力较强

当然，要想获得真正的成功，一个重要的考量就是"变现"，即使你具备再强的实力，但却赚不到一分钱，那么你的价值就没有得到真正的体现。如今，人物 IP 的变现方式已经越来越多，如广告、游戏、拍片、主播、社群、网店、微商、商业服务、卖会员、VIP 以及粉丝打赏等。

一些知名的主播，例如若风、小漠、小苍、骚俊、集梦会长、嗨氏、陈一发儿、冯提莫、毕加索、老实敦厚的笑笑、旭旭宝宝、长沙敢死队、PDD、阿哲、芜湖大司马等。

一些知名的带货主播，例如，薇娅，年收入3000万元以上。2019年"618"期间，主播带动总成交额超5亿元，其2019年上半年淘宝直播总交易额超130亿元。

李佳琦，收入2000万元以上。他曾在淘宝直播5分钟卖掉了1.5万支口红，1分钟卖出了5000支小金条，五个半小时卖货353万元。2020年1月7日，其公益直播销售金额超1000万元，2020年1月24日为武汉加油公益项目筹得捐款7140万元。

雪梨，年收入2000万元以上，2019年9月2日，雪梨加入淘宝直播，21天的时间共直播3场，累计带货销售额达到1.7亿元，并创下了单品销售超过500万件的直播纪录。

散打哥，2019年11月直播56场，创下1.19亿元的销售额。

蛋蛋小盆友，2019年11月直播30场，创下1.18亿元的销售额，单个粉丝购买力达24.6元，位居快手带货大主播排名第三。2020年3月18日，蛋蛋小盆友开播一个小时，带货9000万元，80分钟突破1亿元，整场直播带货金额超3亿元。其中，辛选束腰带售出53万条，销售额超4300万元；时尚芭比裤售出25万件；女式针织弹力牛仔裤秒售罄9万件。

烈儿宝贝，淘宝十大主播之一，年收入1000万元以上。2017年"双十一"当天，烈儿宝贝5分钟带动销售额1000万元，"双十一"总销售额近4000万元；同年"双十二"当天，烈儿宝贝单场销售3600万元，单场最高观看量260万元以上，其2017年总营收超6亿元。2018年，烈儿宝贝网红带货全年销售额突破10亿元。

张大奕，在淘宝拥有1161万以上粉丝，其店铺成为唯一杀入淘系平台女装行业热销店铺前十的网红店，由此一战成名。

由此可见，巨大的流量给人物IP带来潜在的金钱。人物IP只有具备较强的商业变现能力，才能获得真正的互联网和粉丝经济的红利。

10.2.3 年轻个性，丰富内容

作为人物IP的重要条件，创造内容如今也出现年轻化、个性化等趋势。要创作出与众不同的内容，虽然不要求你有多高的学历，但至少要将有价值的东西展现出来。从某个方面来看，主播个人的才华和特长，直接决定了你的内容创造水平。

在YY平台上，"阿哲"和"王冕"曾经都是公会IR旗下的主播，但他们的发展方向不同。YY平台上线了"大乱斗"模式以后，阿哲每一次的直播内容

几乎都会用到"大乱斗"这一模式。该模式的规则就是两位主播依靠粉丝打赏争输赢,输了的一方要接受相应的惩罚。因此"阿哲"直播的大部分内容就变成了向粉丝要打赏,而"王冕"的直播内容更加倾向于唱歌、聊天。最后,主播阿哲的人气急剧下降,粉丝流失严重,并且发微博反思自己,接受粉丝的意见,进行调整。如图 10-11 所示,为主播阿哲的微博反思页面。

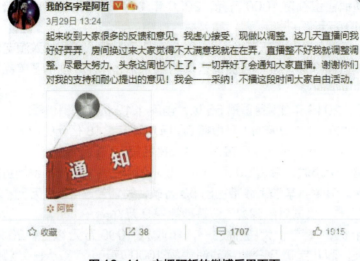

图 10-11　主播阿哲的微博反思页面

主播"王冕"在 2011 年至 2015 年,曾多次获得 YY 男歌手和男偶像大奖,由此可以看出粉丝直播内容要年轻、个性、有特色。

虽然主播采用"乱斗"这种模式,会使自己的收益提高,但是过度地使用会使粉丝觉得直播没有内容,更像是一种圈钱行为,久而久之,就会让用户失望。

10.2.4　跨越平台,延伸领域

在进行内容传播时,主播切不可只依赖单一的平台,在互联网中讲究的是"泛娱乐"战略,主播或企业可以以 IP 为核心,将内容向游戏、文学、音乐、影视等互联网产业延伸,用 IP 来连接和聚合粉丝情感。主播可以借助各种新媒体平台,与粉丝真正建立联系,同时这些新媒体平台还具有互动性和不受时间空间限制的特点。

10.2.5　明确观念,判断是非

要想成为超级 IP,首先你需要一个明确的核心价值观,核心价值观是判断善恶的标准,在直播平台炫富、骂人都是不可取的。

如果主播不注意维护自己的形象，就会被当成反面例子，逐渐被大众遗忘，例如，快手直播的刘一手的直播快手账号被封了很多次，被查封的原因是他在直播的时候语言比较粗俗，有时会和粉丝吵起来。在现实生活中，刘一手喝醉与人争执打架，被打的照片被路人发到了贴吧，引起了大面积的负面讨论。

2019年他又因为恶意炒作、私人纠纷被快手封号，之后又因为欠债被法院纳入老赖的名单。一系列的负面信息，对刘一手的形象造成了非常大的影响。主播需要明确自身的位置，良好的口碑和风格才能够使自己走得更加长远。如图10-12所示，为刘一手的微博道歉文章。

总之，主播在打造IP的过程中，要有自己清晰的价值观，保持正面的形象，提升自己的口碑。

图10-12　刘一手的微博道歉文章

10.2.6　超高频次，内容输出

如今，大部分超级IP都经营了3年以上，正是有他们连续性、高频次的内容输出，才有了后来的超级IP，只有不断地努力积累，才有机会被更多的人看到。

例如，在直播平台上，很多新主播每天直播8个小时，并且经常换分区来吸引不同类型的粉丝，有时候上午在颜值平台直播，下午去二次元平台直播。如图10-13所示，为YY平台女主播的直播截图。这些主播正是由于每天在固定时间去直播，吸引不同类型的粉丝，才获得了更多的关注。

从零开始学做主播

图 10-13　YY 平台女主播的直播截图

10.2.7　人格魅力，偶像气质

在打造人物 IP 的过程中，主播需要培养自身的正能量和亲和力，可以将一些正面、时尚的内容以比较温暖的形式第一时间传递给粉丝，让他们信任你，在他们心中产生一种具备人格化的偶像气质。

有人说，在过分追求"颜值"的年代，"主要看气质"的流行蕴含着"正能量"。不过，对于互联网创业者来说，要想达到气质偶像的级别，首先还是要培养人格化的魅力，如图 10-14 所示。

俗话说："小胜在于技巧，中胜在于实力，大胜在于人格。"那些超级 IP 之所以能受到别人的欢迎，也从侧面说明他具备了一定的人格魅力。

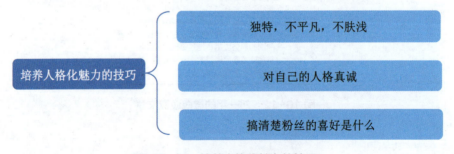

图 10-14　培养人格化魅力的技巧

10.3　不断输出，IP 产业链

从 YY 开始直播之路至今，直播市场已经得到了多年的发展。如今，直播行业进入了发展的高峰期，同时主播在平台直播，也正式形成了一套完善的输出产业链。

10.3.1 公会打造，IP 新生态

大部分主播都会有一个"所属公会"，而且这些公会通常会拿走主播收入一定比例的抽成。公会在直播行业的供应链中占据很重要的地位，他们不但控制了下游的主播，而且还拥有强大的营销、市场、传播、技术等能力。

例如，YY 平台公会有：中国蓝工会、舞帝、娱加、话社、DZ、IR。快手平台公会有：散打哥、牌牌琦团队、丈门、仙家军、驴家班。

公会对于平台的价值非常大，他们管理着大批的优质主播，而且也不断地向平台输送内容。公会具体有两大作用，第一个作用，打造网红，对网红进行宣传和培训，进行活动策划等。第二个作用，约束主播，通过签约来约束主播，降低流动性，保证内容的持续输出。

其实，公会本质上就是一个小型的经纪公司，并且构建了主播的三级经济链条。对于那些拥有好的内容，而且播出时间比较稳定的主播，公会会进行推荐，从而将普通的主播炒成网红。公会与经纪公司的目的是一致的，他们都是为了向直播行业输送最优质的 IP，不断培养优秀的内容创作者，打造娱乐新生态。

10.3.2 平台构建，新产业链

好的直播平台可以快速吸引主播入驻，而且这些主播同时也能为平台带来更多的用户和收入。

各种直播平台的出现也让 IP 争夺越来越激烈，而且很多平台开始借势于电视剧、电影、综艺等热门 IP，帮助平台吸引更多新用户。

对于直播平台来说，主播、明星、企业等 IP 都拥有自身的定位和功能，他们自上而下在平台上的结合，可以形成一条完整的产业链，并逐渐形成一种新的商业模式。

10.3.3 主播才艺，平台扶持

平台需要内容，主播需要人气，主播和平台属于一种互惠互利的关系。主播想要更大的人气就需要直播平台的流量推广。除了平台的扶持，要想成为知名的主播，你还需要具有一技之长，这样才能吸引网友关注。

例如，在斗鱼直播唱歌的周二珂，通过自身的才艺吸引了一众粉丝，如图 10-15 所示。

当然在国内，主播们除了自己拥有才艺外，还需要直播平台的扶持，这样才能完成从网红到网红经济的跨越，实现其名利双收的 IP 价值。以下是打造主播的 3 大平台，如图 10-16 所示。

图 10-15　直播唱歌的周二珂

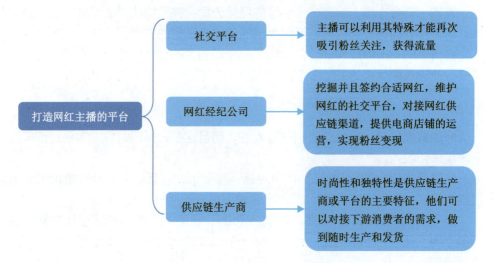

图 10-16　打造网红主播的平台

　　同时，这些平台也在相互渗透。大部分主播与平台之间都签订了合作协议。合作的方式可大致分为两种：第一种，平台给主播更大的曝光率，主播接受平台劳务合同的约束，听从平台的安排，包括播出时长、内容质量、粉丝数量等；第二种，平台帮助推送视频，直播打赏要给平台分成，但不约束主播直播的内容。

　　可以发现，如今直播已经成为继 QQ、微博、微信等社交平台中的互联网流量中心，主播们强大的粉丝黏性将为这些供应链平台带来更多的价值。

10.4　掘金时代，IP 的变现

　　网络红人们强大的影响力、号召力使"红人"成为一种新的经济模式，在各种内容形式的网红带动下，IP 正在逐渐摆脱文娱产业的束缚。

例如，钟表老师傅王津，就是因为掌握专业的古董修复技术而成为网络红人。由此可见，在红人经济的带动下，IP 开始向整个经济市场迈进。本节将介绍红人经济掘金 IP 的取胜之道，解析主播应该具备的能力。

10.4.1 定位预测，数据分析

主播如果想要吸引用户关注，就需要具备一定的大数据分析能力。各种数据的主要功能如下：关注量与观看量等数据说明了你的内容被多少人推送。

- 观看量可以体现你的直播标题是否具有吸引力。
- 新增的关注量则说明了直播的内容是否有价值。
- 用户转化比例数据可以体现你推广的商品解决用户的需求程度、营销活动的吸引力程度，同时还可以反映产品与关注用户是否精准匹配。

主播进行直播和积攒人气需要数据作为支撑。例如，被称为"数据模型下的神奇预言家"的大卫·罗斯柴尔德（David Rothschild），就曾运用大数据分析技术成功地预测出 24 个奥斯卡奖项中的 21 个，准确率高达 87.5%。

同样的，主播运用大数据来分析直播内容、粉丝等数据，可以实现更精准的内容准备和营销。

10.4.2 服务新品，设计能力

为了迎合互联网粉丝的喜好，尤其是数量庞大的"90 后"用户，主播和企业还需要掌握极强的新产品或服务设计能力。

例如，腾讯、新浪微博中有一个十分有个性的表情包——"阿狸"，就因为"萌"这个特点受到年轻粉丝的喜欢。

其实，"阿狸"最初只是一个简单的绘本，但借助优质的内容以及符合粉丝欣赏水平的设计，赢得了大量的粉丝，成为比较优质的大 IP。另外，内容创新也是"阿狸"的一大特色，并且通过绘本、视频、表情包、壁纸以及周边商品等多种形式来传播。目前，"阿狸"常年排在百度贴吧的前一百位，而且在各类社交、博客平台的粉丝累计已近千万。"阿狸"推出的产品都是以互联网为基础，使用碎片化的内容来潜移默化地影响粉丝，强化"阿狸"在他们心中的品牌烙印。

从"阿狸"的成长之路中可以发现，互联网内容需要迎合粉丝来进行设计，这也是塑造超级 IP 的基础。如图 10-17 所示，为阿狸的表情包。

图 10-17　阿狸表情包

>
>
> **专家提醒**
>
> "阿狸"之所以能取得成功，最主要的原因就是它的外表设计和用户定位。设计者不但赋予了"阿狸"较萌的形象，而且还为它设计了相应的性格、星座以及英文名称，并将用户锁定在年轻的学生和女性白领群体上，使其得到了快速的传播。

10.4.3 社交平台，运营维护

社交平台是在互联网中获得粉丝的关键阵地，主播想要把握住粉丝，就需要掌握社交平台的运营维护能力。

总之，只有运营好微信、微博、QQ 等社交平台，才能将粉丝的力量转化为真金白银。主播可以在社交平台上与粉丝进行沟通和交流，并利用他们感兴趣的内容来吸引他们，即可从中获得巨大的利益。

10.4.4 粉丝经济，运营能力

如今，市场经济已经从"得渠道者得天下"转变为"得用户者得天下"的时代，这一切都是互联网发展带来的结果。它彻底打破了以往封闭的经济模式，形成了一个新的、开放的、"用户为王"的经济时代。

在互联网时代，很多 IP 都拥有自己的顾客，优秀的 IP 拥有的是用户，而爆款 IP 则拥有众多会为自己说话的粉丝，这些粉丝就是 IP 衍生产品或品牌最好的代言人。因此，要想成为一个超级 IP，创业者或企业还需要掌握强大的粉丝运营能力。

在整个 IP 粉丝运营的流程中，如何提升粉丝活跃性、让粉丝参与内容互动是粉丝运用的重中之重。增强互动性有以下 6 个技巧。

（1）通过有价值的干货分享、红包、有奖活动、投票等方式，提升粉丝的互动交互感。

（2）策划优质活动，加强活动策划能力，活动要提倡"参与感"，不断地通过活动提升 IP 影响力。

（3）搭建运营团队，对于粉丝人数较大的 IP 最好构建一个专业的运营管理团队，制定相关的规定，使其得以健康发展。

（4）调动粉丝参与，通过有趣好玩的内容吸引用户，在内容中灌输分享概念，让用户帮你传播内容。

（5）整合资源，善于乘势、用势、借势、造势，聚力整合社会资源，借势发力扩散到各种社交媒体。

（6）搭建人际关系/网络，通过大数据进行技术的传送，利用新媒体平台传播和交流信息，加强与粉丝的关系。

每一个知名的主播都知道，忠实的粉丝才是他们成功的根基。粉丝与主播是相互依赖的关系，主播离不开粉丝的支持，粉丝需要主播给自己带来欢乐。粉丝会支持自己喜欢的主播，同时也渴望主播能够给予自己一些关心和关爱。

10.4.5 灵活供应，支持能力

供应链是一个比较完整的体系，互联网内容创业的供应链包括内容策划、内容生产、内容传播的渠道、内容变现的形式、内容的销售渠道以及内容的二次销售等。

如果你只会策划和制作内容，而不会将其传播到互联网中，那么基本上是白搭，因为粉丝根本看不到你的东西。主播可以灵活运用供应链组织能力，利用软件平台来整合上下游资源。如图10-18所示，为上中下游包装造势。

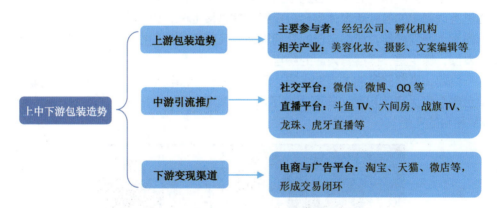

图10-18 上中下游包装造势

在红人经济的供应链中，上游的造星环节、中游的引流环节以及下游的变现渠道都在不断地横向延伸和扩展，同时还引起了资本的关注与投入。例如，2016年4月21日，真格基金、罗辑思维、光源资本和星图资本宣布对拥有近2000万微博粉丝的papi酱投资1200万元，papi酱的身价估值已经上亿元。

网络红人们自带强大的流量属性，在他们的高销量以及融资数据背后，其实正是产业链中游的社交平台和直播平台上的千万量级的粉丝。

可以说，网红就是某种意义上的明星，网红本身的IP可以让粉丝转化为购买力，同时他们还可以向自己的粉丝进行垂直营销，进一步强化自身的变现能力。

网红是互联网中的典型内容创业者，他们通过优质的原创内容来扩大自己的影响力，吸引并聚集大量粉丝，形成品牌IP，这也符合我国"互联网+万众创新"的基本要求，其供应链的发展也带动了其他周边行业的变革。

10.4.6 优质内容,创作能力

直播平台上有不少的内容形式,如电影、电视剧、游戏、演唱、体育、动漫等,主播只要找到其中的一个内容切入点,并使其形成某种品牌价值,就可以为自己带来巨大的收益。

一个好故事、一条有号召力的帖子、一篇充满感情的博文,这些都是主播在互联网 IP 大战中制胜的内容"法宝",而且通过这些内容可以让主播或企业在零成本的条件下获得更多利益。

通过这种持续性强的故事内容,让用户对故事中提出的建议难以抗拒,再加上适当的内容传播,获得更多渠道的销售利润。相反,如果没有内容,而只是一味地宣传、促销,即便可以获得一时的销售,但终究会脱离用户群。

10.4.7 明星直播,泛娱乐化

网红成为明星已经是不争的事实,而明星也正在"网红化",现在的明星们通过互联网中的各种新媒体平台,变得越来越接地气,也学会了利用互联网来获得粉丝、经营粉丝,增强自己的变现能力。在新媒体的助推下,网红正逐渐向明星发展,像明星一样拥有大量的粉丝。

例如,摩登兄弟的主唱刘宇宁,原本只是一个热爱唱歌的小伙子,通过直播平台吸引了大量的粉丝,在网上火了起来。如图 10-19 所示为"摩登兄弟"在 YY 平台的直播。

图 10-19 "摩登兄弟"在 YY 平台上直播

刘宇宁说:"现在走在路上,都有粉丝来要签名。"不仅如此,2019 年 8 月 17 日,刘宇宁在北京举办了自己的第一场演唱会,参加了综艺节目《我们的歌》,并且和自己的偶像任贤齐合作,唱了很多经典的歌曲。除此之外,他还客串古天乐和张家辉主演的电影《使徒行者 2》,并且演唱了电影插曲《如约》。

第 11 章

向外拉新，转化粉丝

学前提示

优秀的主播知道通过各种渠道让用户发现自己、关注自己。主播不仅需要向外推广，获取潜在的新用户，还要将新用户变成自己的粉丝。

正是通过积累粉丝流量，主播才能够有更高的收入、更大的影响力。

要点展示

- 向外推广，不断拉新
- 用户转化，变成粉丝
- 直播转化，商品带货

11.1 向外推广，不断拉新

对于任何生意来说，用户都是最重要的因素，如果你拥有成千上万的专属用户，那么，不管你做什么生意，都更容易取得成功。作为主播需要不断地向外推广，吸引更多的新用户。

因此，不管是传统行业，还是新媒体行业，将用户转变为铁杆粉丝都是每一个主播需要用心经营和为之努力的。本节笔者将为大家详细介绍主播如何对外拉新，吸引粉丝流量。

11.1.1 启动拉新，获取粉丝

本小节笔者主要为大家介绍两种跨平台拉新的途径，跨平台拉新最重要的就是各种社交平台了，微博、微信、QQ 等平台都拥有大量的用户群体，是为主播引流的不容错过的平台。

1. 微信群拉新

主播通过微信群发布自己的作品，其他微信群用户点击视频后，可以直接查看内容，增加内容的曝光率。但要注意发布的时间应尽量与原视频发布的时间同步，也就是说在快手、抖音等平台发布了直播预热信息后马上分享到微信群，但不能太频繁。

2. 微信朋友圈拉新

对于主播来说，虽然微信朋友圈一次传播的范围较小，但是从对接收者的影响程度来说，它却是具有其他一些平台无法比拟的优势，具体如下所述。

用户黏性强，很多人每天都会去翻阅朋友圈；朋友圈好友间的关联性、互动性强，可信度高；朋友圈用户多，覆盖面广，二次传播范围大；朋友圈内转发和分享方便，易于直播内容的传播。

那么，在朋友圈中进行直播推广，主播该注意什么呢？由于主播不能在朋友圈直接进行直播分享，因此可以通过分享短视频的方式吸引微信好友的关注，为直播进行有效拉新，其中有以下几个方面是需要重点注意的。

（1）主播在拍摄视频时要注意开始拍摄时画面的美观性。因为推送到朋友圈的视频是不能自主设置封面的，它显示的就是开始拍摄时的画面。当然，运营者也可以通过视频剪辑的方式保证推送视频"封面"的美观度。

（2）主播在推广时要做好文字描述。因为一般来说，呈现在朋友圈中的短视频，好友看到的第一眼就是其"封面"，没有太多信息能让受众了解该视频内容，因此，在短视频的"封面"，要把重要的信息放上去。这样的设置，一来有助于受众了解短视频，二来设置得好，可以吸引受众点击播放。

（3）主播利用短视频推广商品时要利用好朋友圈评论功能。朋友圈中的文本如果字数太多，是会被折叠起来的，为了完整地展示信息，主播可以将重要信息放在评论里进行展示。直播卖货，可以把链接放到下面的评论中，这样就会让浏览朋友圈的人看到推送的有效文本信息。

3. 公众号拉新

微信公众号，从某一方面来说，就是一个个人、企业等主体进行信息发布并通过运营来提升知名度和品牌形象的平台。主播如果要选择一个用户基数大的平台来推广短视频内容，且期待通过长期的内容积累构建自己的品牌，那么微信公众平台是一个理想的传播平台。

可以说，公众号的本质就是推广。基于此，在发展视频直播行业时，直播平台和主播也可以通过它来推广直播节目。对那些自身有着众多用户的直播平台和主播而言，自己建立一个微信公众号并做好公众号建设是在微信公众平台上可以选择的最好的直播节目推广方式。对那些没有大量粉丝和用户的直播平台和主播而言，非常适合选择这一方式逐渐集聚粉丝和进行推广。

在进行自身的公众号建设的过程中，需要从 3 个方面加以注意，才能做到事半功倍，具体分析如下。

1）做好定位

在编撰内容和进行推广之前，需要做好公众号定位，明确微信公众号运营的目的，这是成就公众号的基础和关键。

2）有吸引力的内容

对平台和主播而言，赢得用户的关注是最主要的目标，所以内容要有内涵和灵魂，要对用户有吸引力。这些内容可以是与用户息息相关的，或者紧密联系当下实时热点，并且内容的表述要让用户有画面感，插图清晰、精美等。

3）用户的体验感

对用户来说，他们需要一些能够让人耳目一新的内容类型。比如，在内容上加入各种活动，如打折促销、品牌故事等，在菜单上加入商城、多种支付方式等更加便利的入口，在互动上加入游戏互动内容或其他更有效的互动硬件等。

4. 微博拉新

在微博平台上，运营者进行直播推广，除了微博用户基数大外，主要还是依靠两大功能来实现其推广目标，即"@"功能和热门话题。

首先，在进行微博推广的过程中，"@"这个功能非常重要。在博文里可以"@"明星、媒体、企业，如果媒体或名人回复了你的内容，就能借助他们的粉丝扩大自身的影响力。若明星在博文下方进行了评论，则会受到很多粉丝及微博用户的关注，那么短视频定会被推广出去。

其次，微博"热门话题"是一个制造热点信息的地方，也是聚集网民数量最多的地方。运营者要利用好这些话题，推广自己的直播，发表自己的看法和感想，提高阅读量和浏览量。

5. 社群拉新

创建社群可以让具有相同兴趣爱好的人聚集在一起。主播或运营者可以创建粉丝群，将粉丝拉进群内，通过日常的沟通，增强与粉丝的互动，从而有效地增强粉丝的黏性。

6. QQ 拉新

作为最早的网络通信平台，QQ 拥有强大的资源优势和底蕴，以及庞大的用户群，是直播运营者必须巩固的引流阵地。

下面就为大家具体介绍 7 种常见的 QQ 推广方法，具体如下所述。

（1）QQ 空间生日栏推广：通过"好友生日"栏提醒好友，引导好友查看动态。

（2）QQ 空间日志推广：在日志中放入主播账号的相关资料，可以更好地吸引受众关注。

（3）QQ 空间说说推广：QQ 签名同步更新至说说上，用一句有吸引力的话吸引受众的关注。

（4）QQ 空间相册推广：很多人加 QQ 都会查看相册，所以，相册也是一种很好的引流工具。

（5）QQ 空间分享推广：利用分享功能分享直播信息，好友点击标题即可查看。

（6）QQ 群引流：用户可以多创建和加入一些与直播号相关的 QQ 群，多与群友进行交流和互动，让他们对你产生信任感，此时发布直播作品来引流就会水到渠成。

（7）兴趣部落引流：QQ 兴趣部落是一个基于兴趣的公开主题社区，能够帮助用户获得更加精准的流量。用户也可以关注 QQ 兴趣部落中的同行业达人，多评论他们的热门帖子，可以在其中添加自己的相关信息，收集到更加精准的受众。

7. 店铺、微淘拉新

主播还可以通过对商家店铺、微淘等渠道进行预热，引导新老粉丝访问直播间进行站内拉新，提高直播间活跃度，进而获得更多公域曝光率。以淘宝平台为例，笔者在本小节中将向大家具体介绍几种站内拉新的方式。

（1）在淘宝店铺的首页可以放入预热模板，如图 11-1 所示。

（2）商家可以设置自动回复，让新老客户都能看到店铺的直播信息，如图 11-2 所示。

（3）通过淘宝中"微淘"的渠道发布直播信息也是一种直接有效的方式，如图 11-3 所示。

图 11-1　淘宝店铺首页预热

图 11-2　设置客服自动回复

图 11-3　微淘发布直播信息

（4）相宜本草官方旗舰店公告上方，就创建了一个淘宝粉丝群，粉丝可以点击加入，粉丝在该群中可以看到店铺实时的发布产品的折扣信息，如图11-4所示。

如果相关产品有需求，粉丝就会留在群里。再加上群里会有一些产品优惠券，如图11-5所示。因此，粉丝进群之后自然会更愿意留下来。

图11-4　相宜本草店铺邀请粉丝进入淘宝群

图11-5　淘宝群里的优惠券

8. 音频软件拉新

音频内容的传播适用范围更加多样，跑步、开车甚至工作等多种场景，都能在悠闲时收听音频节目。音频相比视频来说，更能满足人们的碎片化需求。

对于运营者来说，利用音频平台来宣传电商平台和主播，是一条非常不错的营销思路。音频营销是一种新兴的营销方式，它主要以音频为内容的传播载体，通过音频节目运营品牌、推广产品。随着移动互联网的发展，以音频节目为主的网络电台迎来了新机遇，与之对应的音频营销也得到进一步发展。

以"蜻蜓FM"为例，它是一款强大的广播收听应用软件，用户可以通过它收听国内、海外等地区数千个广播电台。而且"蜻蜓FM"相比其他音频平台，具有如下功能特点。

（1）跨地域。在连接数据的环境下，可以全球广播自由选。

（2）免流量。用户可以通过硬件FM免流量收听本地电台。

（3）支持点播。新闻、音乐、娱乐、有声读物等自由点播。

（4）内容回听。不再受直播的限制，错过的内容可以回听。

（5）节目互动。用户通过蜻蜓FM可以与喜欢的主播实时互动。

在蜻蜓FM平台上，用户可以直接通过搜索栏寻找自己喜欢的音频节目。对此，运营者只需根据自身内容，选择热门关键词作为标题便可将内容传播给目标用户。

运营者应该充分利用用户碎片化需求，通过音频平台来发布产品信息广告，音频广告的营销效果相比其他形式的广告要好，向听众群体的广告投放更精准。而且，音频广告的运营成本也比较低廉，十分适合新主播和中小型电商。

美食主播也可以与"美食"相关的音频节目组合作，因为这些节目通常有大批关注美食的用户收听，广告的精准度和效果会非常好。

11.1.2 获得曝光，转化用户

为了提升直播时商品转化的效率，优化用户观看直播时的消费体验，也为了让主播的优质内容覆盖更多流量场景，淘宝上线了"直播看点"的功能，向所有的商家主播和达人主播提供了更好的流量曝光机会。

直播看点，就相当于视频的回放，对直播而言：主播在直播的过程中，讲解到宝贝的卖点之前，需要在中控台上点击该宝贝的"标记看点"按钮。

对消费者而言：无论何时，用户都能看到该产品的讲解。用户在观看直播的过程中，可以根据自己的喜好快进，自由切换到自己想要观看的产品上，提升用户的购买率，如图 11-6 所示。

图 11-6 主播直播看点获得更大的曝光

主播使用直播看点的好处有以下三点。

（1）使用"直播看点"功能，将会被平台推荐到所见即所得模块和手机淘宝主页搜索渠道，以此来获得更多公域流量的曝光率，吸引新粉丝观看和关注。

（2）使用"直播看点"功能的直播内容，在后续淘宝推出的营销活动中，直播间及其直播间售卖的宝贝都有可能优先展示，从而带来更多流量。

（3）使用"直播看点"功能的直播内容，可以给消费者带来更好的消费体验，可以提高直播间的成交转化率，为主播带来更多收益。

11.2 用户转化，变成粉丝

主播必须不断地吸引新的流量注入，将自己的用户转化成自己的粉丝。只有更多人观看直播，主播才能更具有商业价值。

11.2.1 转化粉丝，6个技巧

主播该怎样将用户转化成忠实的粉丝呢？下面笔者总结了一些让主播直播间人气暴涨的技巧。

1. 才艺吸引

从用户角度切入，最重要的是应了解用户究竟喜欢什么，对什么感兴趣。有的直播为什么如此火热？用户为什么会去看？原因就在于这些直播迎合了用户的口味。

主播想要拥有自己的粉丝群，就需要过人的能力，例如，在抖音上有一个主播是在教孩子学钢琴，通过教授乐器学习技巧吸引用户观看直播，如图11-7所示。

图 11-7　主播在教孩子学钢琴

推荐衣服也是一样的，主播可以从色彩搭配、显瘦搭配来推荐产品，使用户

被主播专业的服装搭配圈粉。

美妆的直播也是如此。除此之外，各种新鲜热点、猎奇心理等主题也能激发用户的兴趣，主播需要从身边的事情挖掘，同时多多关注那些成功的直播是怎么做的，这样才能策划出一个完美的主题。

2. 把握直播节奏

（1）开播预热：直播开始前3小时，应发布一个短视频进行预热。这样开播时能够快速地吸引粉丝进入直播间观看。

（2）同城定位：主播可以开启直播间同城定位功能，吸引更多附近的粉丝观看直播，如果附近的人比较少，也可以切换定位地点。

（3）直播预告：主播可以在个人主页的简介中，发布直播预告动态内容，告诉粉丝你的直播时间和主要内容。

（4）开播时间：主播要根据自己粉丝群的属性来确定开播时间，确保在开直播时，你的粉丝也有时间。

（5）标题封面：好看的封面能够使直播间获得更多的曝光率，标题要尽量突出内容特点和内容亮点，展示主要的直播内容。

（6）分享直播间：当主播开播以后，可以将直播间分享给好友和粉丝，同时充分展示自己的才艺，并通过各种互动玩法提升直播间人气。

在服务行业有一句经典的话叫作："每一位顾客都是上帝。"在直播行业中，用户同样也是上帝，因为他们决定了直播的火热与否。没有人气的直播是无法经营维持下去的。因此，直播主题的策划应以用户为主，从用户的角度出发。

从用户的角度切入，要注意引起用户的情感共鸣，调查用户喜爱的话题，让用户投票选主题。

3. 个性的语言

许多用户之所以会关注某个主播，主要是因为这个主播有鲜明的个性。构成主播个性的因素有很多，个性化的语言便是其中之一。因此，主播可以通过个性化的语言打造鲜明的个性形象，并借此吸引粉丝的关注。

主播的直播主要由两个部分组成，即画面和声音。而具有个性的语言则可以让直播更具特色，同时也可以让整个直播对用户的吸引力更强。

一些个性语言甚至可以成为主播的标志，让用户一看到该语言就想到某位主播，甚至在看某位主播的视频和直播时，会期待其标志性话语的出现。

例如，李佳琦在视频和直播时，经常会说"OMG！""买它买它买它！"，于是这两句话便成了李佳琦的标志性话语。再加上李佳琦粉丝数量众多，影响力比较大，所以，当其他人说这两句话时，许多人也会想到李佳琦。

4. 强有力的人设

在前文，笔者向大家详细介绍了如何确定人设，许多用户之所以长期关注某个账号，就是因为该账号打造了一个吸睛的人设。

通常来说，主播可以通过打造人设吸粉。第一步直接将账号的人设放在账号简介中进行说明或者直接应用到用户名上，例如，在用户名上使用一些标签，"单身姐姐""龅牙""学霸""吃货""海归""探险家""徒步旅行家"等，通过这种方式打造账号人设。第二步围绕账号的人设发布相关视频，在强化账号人设的同时，借助该人设吸粉。

例如，该主播账号就试用了"变性"这个标签，主播直播带货美容产品，而她从前并不是一个女儿身，主播通过讲述自己在泰国变性，逐渐变美的过程，塑造自己的人设，并顺势推出一些美容产品，让用户更加相信产品的价值，如图 11-8 所示。

图 11-8　主播在塑造自己的人设

5. 关注粉丝，增强黏性

如果用户喜欢某个账号发布的内容，可能就会更加关注该账号，以方便日后查看该账号发布的内容。虽然关注只是用户表达对主播喜爱的一种方式，大部分关注你的用户，也不会要求你进行互关。

但是，如果用户关注了你之后，你进行了互关，那么用户就会觉得自己得到了重视。在这种情况下，那些互关的粉丝就会更愿意持续关注你的账号，粉丝的黏性自然也就增强了，如图 11-9 所示。

图 11-9 主播与粉丝相互关注

6. 挖掘用户的痛点

无论何时何地，主播的内容营销最重要的一点就是聚焦用户的痛点和痒点，即他们最关心的问题、他们的兴趣点和刚需。

痛点是一个长期挖掘的过程，但是电商或主播在寻找受众痛点的过程中，要让用户在观看直播时有自我体现的参与感和价值感，主播要让用户有安全感，要让用户相信产品的质量，相信价格的实惠。直播要让用户有归属感，主播要将用户当成家人，让用户有幸福感。

11.2.2 增强亲密度，提升等级

关于增强粉丝亲密度，首先要明白什么是粉丝亲密度。粉丝亲密度是指粉丝和主播之间互动的频率指数，能够积累和转化粉丝，是提高互动数值的利器。

粉丝进入单个主播直播间，进行一系列活动后积累直播间积分值，达到一定亲密度分值后可升级为不同等级的主播粉丝。对于粉丝来说，积分越多，粉丝等级就越高，可以享受的权益就越大。

主播可以自行设置粉丝亲密度的规则，当满足这些规则时，粉丝就能增强和主播的亲密度。这种设定有点像实体店铺的会员折扣，让经常关注店铺的粉丝获得一些优惠，这样可以促使粉丝为了一直得到优惠而更加关注店铺动态，相当于一种良性循环。如图 11-10 所示为主播设置的部分亲密度规则。

这样做的好处，一来是可以让该用户觉得你对他足够重视，提高他对你的公众号的好感度，增强粉丝黏性；二来也是可以在一定程度上增加该直播的热度，让更多用户看到你的直播。

在与用户交流时，主播要记住，不要重复回复用户的评论。尤其是评论比较多的时候，主播没有办法全部回复，这种情况下可以选择问的比较多的问题进行回复。对于相同的问题或评论可以只回复一次，不用都回复。

最后，主播在回复的时候要注意用词，对于一些敏感问题和敏感词汇，回复时能避则避。避无可避时也可以采取迂回战术，如不对敏感问题作出正面的回答，用一些其他意思相近的词汇或谐音代替敏感词汇，不要引起用户的反感。

图 11-10 亲密度规则

11.3 直播转化，商品带货

主播吸引流量的最终目的就是能够获得更大的经济效益，主播的粉丝越多，经济效益就越大，卖出去的产品就越多。主播如何将用户带动起来，让他们购买产品呢？本节将具体讲述如何将用户变成客户，带动用户购买产品。

11.3.1 转化购买，4 种技巧

直播间可以让顾客直接观看产品，在主播的介绍下了解产品。这种方式打破了常规的网购模式，通过看商品图片来购买商品的局限性，增加了顾客的购物体验。而在直播间，商家和主播除了需要展示商品的卖点外，还需要适当地发挥主播的个人优势，利用一些直播技巧来调节直播间的氛围和互动性，从而增加观众、粉丝的信任和关注黏性。

直播销售主播，实际上就是一个优秀的推销员，而作为一个直播商品推销员，最关键的就是尽量获得观众的流量，从而让直播间商品的转化率爆发。如果不能提高直播间的转化率，就算主播每天夜以继日地开播，也很难得到满意的结果。下面就向读者介绍如何获得观众的流量，得到不错的转化率的几种方法。

1. 每日爆款

爆款的意思，就是帮助主播促使顾客在短时间内关注、转粉，发生下单行为。比如在直播间举办商品特选、秒杀活动。这种特价款要能够吸引观众和粉丝的眼

球。主播在向粉丝讲解时，应强调这款服装就搞这一次特价活动，错过了就没有了，这样可以促使顾客去购买下单，同时会选择观看直播，等待这个爆款优惠活动的到来，这样就可以获得顾客的流量。

但是主播要注意，要在直播的标题上直接呈现特价或者秒杀信息，最好是给大家营造一种有期待感的秒杀，它会使顾客和粉丝产生一种期待紧张的欢乐心情，从而更加期待下一次类似的活动。

2. 主播情绪

主播的情绪对于转化率是非常重要的。主播要明白，直播销售决定了它不是一种娱乐性质的工作，只有可以带货的主播才是这个行业需要的主播。

要想成为大主播，就先得让自己成为一个优秀的推销员，要学会在给观众、粉丝讲解商品的时候，声情并茂，而不是冷冷淡淡、面无表情。

很显然，主播的情绪是会影响商品转化率的，没有好情绪，就不会有好的转化率，主播要怀着激情去直播。如图11-11所示为主播富有感染力的直播页面。

图11-11 主播富有感染力的直播

3. 专业知识

主播需要对自己的商品足够专业，了解自己在卖什么，掌握商品的相关信息，这样自己在直播过程中，才不会陷于没话可说的窘境。

服装主播可以学习一下最近的流行搭配和流行颜色，甚至可以了解一下美妆护肤的知识，起码做到在有意思和有意义里面，有一面是做得不错的，这样才可以获得观众、粉丝的流量。

4. 认识粉丝

主播要学会认识自己的粉丝，最好记住她们的喜好，和一些忠实粉丝的用户名，当老用户来到直播间时，主播可以说"又看到你了""欢迎XXX，好久不见"等，让粉丝觉得受到了关注和尊重。

11.3.2 积累流量，激活粉丝

积累粉丝是一件比较困难的事情，激活粉丝更是一个难题。因为有些粉丝可能是偶然或者说一时兴起点了关注。他们大多在关注之后，就进入了"沉睡"状态，那么这些粉丝也就变成了无效流量。为了避免失去这类粉丝，主播就需要学会提升他们的活跃度。那么如何提高这类粉丝活跃度呢？大家可以掌握以下两点。

1. 利益唤醒

主播可以适当地向粉丝提供一些利益，让粉丝能免费获得一些好处，毕竟什么都不做就可以获得一定的好处，是每个人都非常愿意的。利益驱动是提升粉丝活跃度的重要手段。例如，主播可以在直播间进行不定期抽奖、发放免费红包、全场特价等活动，激发用户的购买欲，如图11-12所示。

图11-12　直播间的利益提醒方式

虽然说主播在直播间向顾客、粉丝进行福利发放，是能够激活粉丝活跃度的，但是也要注意福利发放的频率，如果太过频繁，很容易无法把控。

2. 价值输出

主播能给粉丝提供有价值的产品，是激活粉丝的关键。只有当粉丝在主播身上看到了产品价值，感受到了自己参与的价值，才能使粉丝一直关注主播的动态。

第 12 章
规避误区,抓住痛点

学前提示

随着直播行业的不断深入发展,直播的内容也越来越广泛。直播新手在进行直播时,不免会进入一些误区,误区并不可怕,可怕的是连误区在哪里都不知道。

本章将带领大家一起了解清楚直播界存在的误区,帮助大家积极采取措施来避免踏入误区或者陷入风险之中。

要点展示

- 陷入误区,难以抽身
- 抓住痛点,点明问题
- 三观不正,即成歪风
- 内容策略,技术上阵

12.1 陷入误区，难以抽身

虽然直播营销能给直播平台和主播带来很多利益，但同时在直播营销的过程中也存在方方面面的误区。主播只有充分了解和认识这些误区，从而避免陷入误区，才是正确进行直播营销的可行之道。

12.1.1 依赖平台，经常跳槽

直播行业平台的竞争是十分激烈的，平台之间相互挖人的现象也并不少见，俗话说："名气越大，机会越多。"一些大主播成名以后，平台基于竞争的目的，就会有其他直播平台想出高价挖走主播。

很多主播因为觉得其他直播平台开价高、待遇好，所以选择跳槽。实际上这种做法是非常不可取的。巨大的利益面前也有风险，对于主播而言，一个主播需要长期的积累，才会拥有百万或者千万关注你的粉丝。放弃原有的粉丝，去另一个平台从零开始，是一种非常冒险的举动，一不小心就会丢掉忠实的粉丝，无法从头再来。

例如，原来斗鱼非常火的大主播"大表姐"，该主播与周二珂、冯提莫和陈一发一起被粉丝称作"斗鱼F4"。如图12-1所示为"大表姐"直播间。

图12-1 "大表姐"直播间

主播"大表姐"跳槽熊猫直播以后，人气下滑，直到熊猫直播平台宣布破产，"大表姐"已经变成一个名不见经传的小主播了。同样，冯提莫跳槽哔哩哔哩也导致人气下跌。

比跳槽更严重的是，有些主播不光跳槽，还因为违约与平台发生纠纷，被平台索要巨额赔偿。

例如，主播 LOL 主播"青蛙"，原本在斗鱼平台主播，日均 4 万+的弹幕数量，全网 LOL 主播指数排名第六、第七，后毁约跳槽到虎牙，并且发微博抨击斗鱼拖欠工资，待遇不好，但斗鱼并不认可这种说法，把"青蛙"告上了法庭，向其索赔千万元违约金。

主播"青蛙"不仅官司缠身，跳槽虎牙以后，在虎牙的排名接近 200 名，全网排名 400 名左右，七天打赏共 7516 元，在人气和礼物收入等方面都不如以往。

12.1.2 盲目从众，赶时髦式

直播市场出现了这种表面繁荣发展、热热闹闹，实际上与产生的经济效益却不匹配的现象。大部分新手主播，看到很多知名主播一晚上就能赚上万元，纷纷开始转入主播行业。但殊不知，直播行业里没有赚到钱的小主播数不胜数，原因有以下两点。

1）流量有限，竞争激烈

由于现在的直播栏目太多，直播带货的栏目也很多，其中很多都是相似的主题、相似的货品，观众们大多会倾向一些有知名度的主播。

平台的很多流量都给了大主播，剩下的小主播初期很难吸引粉丝驻足，想要获得更大的曝光率并不容易，这需要主播长期不断地坚持和优质的直播内容。

从直播以及直播销售面向的受众角度来看，由于网络上可供选择观看的视频直播类型太多，粉丝的实际购买力较低，甚至不能产生购买行为，主播行业远没有我们想象得那么乐观，主播要切忌盲目从众。

2）没有名气、没有流量，用户消费能力不高

有一些已从业几年的主播曾经说，主播只是外表光鲜亮丽，哪有那么容易就赚钱，现实生活中顶流就几个，剩下的全部都是没有名气的小主播。等到年纪大一点以后，机会就越来越少了。

的确如此，主播和明星一样是属于吃青春饭的一类人，后浪推前浪，每年都会有一批新主播进入直播行业，不断地吸引着用户的目光。老主播的流量会被新主播抢走，逐渐过气。对于没有明确直播方向的人，盲目从众并不可取，一定要三思而后行。很多小公司招聘主播，门槛极低，不要学历，不要能力，有的甚至不要口才和外貌，以高薪工资吸引 16~25 岁年轻人加入。

直播平台上有一些年纪非常小的主播，拉票 PK，输了的人就要接受惩罚，然而很多用户都不会为这些主播消费。其原因是，这些主播没有才艺，也没有和用户沟通聊天、制造与用户相关的话题，主播说得最多的就是"小哥哥在吗""帮帮我吧""给我点支持"等，这种没有任何表演就乞求用户打赏的行为自然不会得到很多人支持。如图 12-2 所示为小主播在直播间 PK 页面。

图 12-2 小主播在直播间 PK

主播收入一是靠打赏，二是靠卖货，无论是哪一种都需要主播具备人气，有粉丝才有流量，有流量就能接广告、开淘宝店等。如果主播到后面的阶段，仍然没有树立起吸粉的人设，或者不能保持主播的人格魅力等，要想获得高收入是非常难的。

12.1.3 非法侵扰，侵犯隐私

部分主播在直播过程中，存在侵犯他人肖像权和隐私权的问题。比如一些网络直播将商场、人群作为直播背景，全然不顾别人是否愿意上镜，这种行为极有可能侵犯他人肖像权和隐私权。自从视频直播逐渐渗入人们的日常生活中，用户已经没有隐私，反倒成为别人观看的风景或他人谋利的工具。

隐私权的关键有两方面，第一，隐私权具有私密性的特征，权利范围由个人决定；第二，隐私权由自己控制，公开什么信息全由个人决定。当我们处在公共领域中时，并不意味着我们自动放弃了隐私权，可以随意被他人上传至直播平台。我们可以拒绝他人的采访，也有权决定是否出现在视频直播之中。我们在公共空间中有权行使我们的隐私权。

因此，直播时强制要求他人出境，或者恶意诋毁他人的这种非法侵权行为是非常错误的。例如，某家餐厅为了做宣传，在店里安装了摄像头，在很多食客不知情的情况下，直接直播食客的吃相，用于宣传店铺；或是主播不经你同意就拍摄你，使你入镜等，这些主播通过在当事人不知情的情况下拍摄别人、曝光别人吸引流量。这已经侵犯了他人的隐私权，作为主播，我们要严格要求自己，对于被侵犯隐私的当事人，其有权维护自己的合法权益。

例如，某主播是一个街边烧烤商家，在街边做烧烤时，经常直播买烧烤的人和路过的人的一举一动。如图 12-3 所示为主播直播拍摄路上的行人页面。

图 12-3　主播拍摄路上的行人

12.1.4　内容奇葩，违规风险

当下网络视频直播大热，各种直播经营者一拥而上，面对着直播行业巨大经济利益的诱惑，很多主播不惜铤而走险。

不少主播为了满足用户的猎奇心理，在坟地里表演唱歌，严重扰民，或者破坏坟墓等。如图 12-4 所示为某主播在坟地直播，造成了极其不好的影响。

图 12-4　某主播在坟地直播

12.1.5 逃税暗礁，逃税漏税

视频直播这个行业利润丰厚是众所周知的，很多主播也是看中了这其中的高收入，才会蜂拥而上。

人气火爆的主播月薪上万元很普遍，再加上直播平台的吹捧，年薪甚至会达到千万元。虽然笔者没有从事这个职业，也不敢确定这个数据是否真实，但就算将这个数据减掉一半，那也是相当可观的。

这样可观的收入已经涉及缴税的问题了，有的主播将打赏兑换成虚拟货币，再通过支付宝提现，从而避免缴税。某平台就因没有代主播扣缴个人所得税，而直接被罚款 6000 万元。主播逃税，不仅对其自身，而且对整个直播行业也会造成极其恶劣的影响。

12.2 抓住痛点，点明问题

视频直播的痛点同时也是要注意的要点，从内容、资本、结构、受众、运营等各个方面都要注意妥善经营，朝着正确的方向发展才是可行之道。本节将主要介绍这几个方面的痛点，希望引起注意。

12.2.1 运作模式，千篇一律

互联网上的内容平台虽然很多，但其运营模式和内容形式却大致相似，千篇一律、同质化现象十分严重，这样容易让观众产生审美疲劳。在人物 IP 尤其是网红市场中，同质化竞争的表现主要体现在内容层次方面，典型特点是同一类型的直播内容重复，而且内容替代性强。也许你今天红了，明天就很快被别人复制并取代了。

因此，主播在做 IP 内容营销时，不能一味地模仿和抄袭别人用过的内容，必须学会发散思维，摆脱老套噱头模式。

我们可以从生活、学习、工作中寻找发散思维，这样才能制作出有持续吸引力的内容。当然，随着 IP 市场的进一步成熟，会出现更多优质的原创内容，这也是市场发展的大势所趋。人物 IP 必须持续地生产内容，将 IP 衍生到各个领域，这样才可以实现更多渠道的流量变现，也才能拥有更强劲的生命力。

例如，抖音上很多主播都在网上讲课，讲课的内容就是教用户学会做直播、如何说话、如何引流、如何变现、留人的话术等技巧。如图 12-5 所示为主播在直播间讲课。

图 12-5 主播直播间讲课

12.2.2 资本介入，影响内容

网红直播市场引来了大量的资本关注和资金注入，这虽然为市场发展提供了强大的动力，但资本一般会对被投资人有一定的要求，这对于 IP 的内容创作也形成了一定的影响和制约。

因此，主播可以尽量寻找与自己内容观点相符合的投资商来合作，这样才能在内容中更好地体现出个人、产品、企业或品牌的内涵特点。

12.2.3 低俗倾向，打擦边球

现在直播平台监管越来越严格，无论你是直播十年的老主播，还是新进来的新主播，一旦有低俗文化的倾向，就立即会被禁播。

2016 年，直播平台的火爆让政府部门也十分关注直播内容的质量，有关部门进一步加强了对网络直播平台的管理。同时，文化部也针对主流直播平台进行彻底检查，查封了其中涉嫌提供含宣扬淫秽、暴力、教唆犯罪等内容的互联网文化产品。

同时，文化部还制定了《关于加强网络表演管理工作的通知》，相关从业者很有必要了解其中的详细内容。这个通知的推出，可以有效地加强网络表演的管理，使网络文化的市场秩序更加规范。文化部推出该通知主要有如下 3 个目的。

（1）督促网络表演经营单位和表演者落实责任。

（2）加强内容管理，依法查处违法违规的网络表演活动。

（3）对网络表演市场全面实施"双随机一公开"（随机抽查工作实施方案

从零开始学做主播

和事项清单,公开黑名单和警示名单)制度。

因此,各个直播平台以及主播都要加强自身的管理,打造合法的内容、有序地经营,为用户带来更多拥有正确价值观的产品和服务。

例如,YY平台每个直播间都有绿色文字的YY安全提示:"对直播内容进行24小时在线巡查,任何传播违法、违规、低俗、暴力等不良信息将会封停账号。"如图12-6所示。

图12-6　YY亭台直播页面安全提示

12.2.4　粉丝维护,促进购买

随着移动互联网的发展,每个人可能都拥有不同的社交平台、直播平台以及各种新媒体平台的账号,同时也会在不同平台之间游走。

例如,对于主播来说,直播的时间一般不会太长,用户可以非常随意地打开一个网页平台,或者关闭一个网页平台。用户看的主播很多,能够让用户狠下心去购买产品的很少。也就是说,用户的购买率低,主播的受众群体的转化成本实际上也是非常低的。在这种情况下,对于人物IP来说,要维护好一个稳定的粉丝群体就变得尤为重要。

由于受众群体转移成本在互联网中会变得很低,他们可以随心所欲地换各种自己喜欢的平台或内容,也许会被其他平台的内容所吸引,而抛弃以前关注的对象,这对于IP来说很容易导致粉丝的流失。

例如,某主播在直播间放一个二维码,让粉丝进群,这个群里有直播预告通知、店铺新品等,通过福利群联系用户,如图12-7所示。

图 12-7　右下角的福利群

因此，直播平台或企业在进行 IP 营销的过程中，主播可以通过微博、微信等社交媒体与粉丝进行深度互动，让他们在这个平台上投入一定的时间和精力，付出更多的成本。

12.2.5　运营监管，成本增加

随着网络视频直播的不断深入发展，泛娱乐直播模式发展得越来越完善，模式的完善带来了内容的不断丰富，同时也使得一些不健康的内容涌现出来。这导致直播平台方不得不加大力度对直播内容进行整顿和监管。

但由于直播内容之宽泛、直播涉猎领域之广泛，再加上直播中的一些"灰色边缘地带"的存在，使得直播平台方对其运营监管感到有些力不从心，其运营监管的成本也成为一大难题。

但是为了将视频直播平台打造成一个绿色、健康、充满正能量的直播平台，平台方必须针对直播的各个方面，事无巨细，一视同仁，积极采取相关措施，为用户提供一个舒适、健康的网络环境。

12.2.6　自采内容，新的挑战

我国在 2005 年公布的《互联网新闻信息服务管理规定》中明确规定，非新闻单位依法建立的综合性互联网站不得登载自行采写的时政类新闻，只能转载规范新闻。

当视频直播涉及时政内容时，就会违反现有规定，造成不良影响。如果网络

视频直播平台利用自采内容进行新闻直播，不仅与我国新闻行业的相关规范相违背，还可能会形成舆论洪流，影响社会热点问题的正确分析。

此外，因为文字监控技术比较成熟，所以视频最容易成为新的舆论阵地。而事实也证明确实如此。许多充满舆论的事件源头，其实都是来自普通人发布的短视频或直播。

例如，"一下科技"（拥有秒拍、小咖秀）上线新应用"一直播"，并积极联手新浪微博平台，用户可以直接在微博上观看"一直播"的直播，还可与直播进行互动、打赏等。

媒介技术的进步一方面降低了技术门槛，另一方面也给用户自发生产内容提供了更大的空间，并且很好地引起了草根成为主播的兴趣，激发了普通人追梦的热情。

如图12-8所示为一直播软件页面。在这样的形势下，从文字到截图再到视频内容将是舆论形式发展的必然趋势，而且在目前监控视频内容不是十分便捷的情况下，这将给网络内容监管带来新的挑战。

图12-8 一直播软件页面

12.2.7 IP著作权，争议不断

网络直播的市场越来越大，这其中资本的鼎力支持很关键，可以说网络直播的投资就是一场"烧钱大战"。同时，资本融资也意味着企业对人气IP即将展开争夺。

但是，目前我国司法界对于网络直播节目是否具有著作权的问题存在较大分歧，因为这其中涉及独创性的问题，于是，这对网络直播产业的投资保护产生了直接影响。

以网络游戏直播类节目为例，首先，我国目前的法律没有对独创性作出明确规定，司法上对直播节目是否具有独创性也存在争议。其次，网络游戏直播可以分为两种类型：一是主播自己录制的网游直播节目，二是大型电子竞技比赛直播节目。这二者在权利属性上有所不同，因此在保护方式上也应该有所不同。

那么应该怎样保护不同类型的直播视频呢？这应该根据独创性的高低类分别保护。由于制作大型电子竞技赛事直播节目一方面需要原创，又极其复杂，另一方面具有重要的产业价值，因此应将其归为作品类型进行保护。

游戏主播、玩家自制的网游直播没有太大的独创性，仅是对游戏视频的客观解说，不能构成作品，因此则应归入录音、录像制品类型。

12.3 三观不正，即成歪风

在进行直播运营时，传递出来的价值观能体现一个直播平台的优劣。在平台上，很多主播传递着暴富、拜金、不工作、得过且过的错误价值观，给社会带来了不良的影响。

12.3.1 一味物质，失去自我

我们在打造 IP 时，切不可盲目崇拜金钱、把金钱价值看作最高价值，必须保持"拒绝拜金，坚守自我"的心态。

除了拜金外，物欲也是一种错误的人物 IP 价值观。物欲是指一个人对物质享受的强烈欲望，在这种欲望的驱动下，会做出很多错误的事情。《朱子语类》中曾说过："众人物欲昏蔽，便是恶底心。"说的就是那些疯狂追求物欲的人，他们的心灵必定十分空虚，而且会经常做出一些荒唐的事情，最终只会让自己变成一个虚有其表、华而不实的人。

例如，西周时，周幽王就曾自导自演了一幕"烽火戏诸侯，褒姒一笑失天下"的历史闹剧，这就是玩物丧志、色欲失心的典型案例。因此，打造直播内容时应该使物质和精神追求相辅相成，多注重精神层次和幸福感，不能一味地追求物欲，否则你很容易被它牵着鼻子走。

12.3.2 粗俗不堪，难以长久

粗俗的原意是指一个人的举止谈吐粗野庸俗，满嘴污言秽语。也许，主播可以靠"俗"博得大家的关注，提升名气，但难以得到主流社会的认可，而且存在很大的问题和风险。在人人皆可以是主播的时代，太多人想出名，通过雷人的话语、

不合常理的行动吸引粉丝不是不可以，但是一定要有底线，否则就会被大众排斥。

例如，马蓉在直播中展示项链时，把领口拉得很低，被用户举报，带来了极其不好的影响。因此，主播、直播平台都应该努力传递主流价值观。

主播应该做一个为社会带来正能量的人。我们可以借助互联网，多参与一些社会慈善和公益活动，打造直播+电商的合作模式。为自己塑造一个助人为乐、传递正能量的IP形象。在制作直播内容时要坚守道德底线并多弘扬社会道德，引导正面舆论，为广大网民树立正确的世界观、人生观和价值观。只有这样才能够有更长久的发展空间。

12.3.3 盲目拜金，深陷沉沦

拜金主要是指崇拜金钱。当然崇拜金钱并没有错，商业社会中的人都是以赚钱为目的的。不过，如果你唯利是图，什么事情都想着赚钱，不择手段且盲目地追求金钱，就是一种极端错误的价值观。

例如，YY主播"猫猫"在一位名叫"哦哥"的"神豪"的支持下，逐渐变成一个大主播，每次年度盛典这位铁杆粉丝也会给"猫猫"刷礼物替她赢得比赛。也恰恰是有了这个大粉丝的支持，主播"猫猫"的人气越来越大。随着名气越来越大，主播"猫猫"不好好直播，总是请假，直播时还经常求打赏。最后，导致该主播的粉丝逐渐流失。如图12-9所示，为主播挽留大粉丝"哦哥"发布的微博。

图12-9 主播挽留大粉丝"哦哥"发布的微博

12.3.4 庸俗内容，失去本心

有一些主播内容庸俗化，为了能火，为了流量，什么都敢做，不顾及社会的

影响也不顾及自己的生命。

例如，颜值主播"乔碧萝殿下"因颜值高、有神秘感而吸引了众多粉丝，主播只在网上发一些自己的图片，直播时从不露脸，都用表情包挡着。

在一次直播中间，"乔碧萝殿下"与某女主播连麦时，遮挡在脸上的表情包消失了，粉丝心中的萝莉一下子变成了大妈，该事件引起了网友的讨论，造成了极其恶劣的影响。该主播的榜一（打赏最多的粉丝）在该事件发生以后，直接注销了账号，很多粉丝也感觉自己被欺骗。如图12-10所示，为"乔碧萝殿下"的直播间。

最后的真相是，主播是为了炒作故意安排，并且将此事件的影响扩大，主播背后的经纪公司也在推波助澜。

图12-10 主播"乔碧萝殿下"的直播间

最终，斗鱼称该事件由主播"乔碧萝殿下"自主策划、刻意炒作。针对事件中主播发表不当言论，挑战公众底线，造成不良社会影响一事，永久封禁其直播间，下架相关视频，并关闭主播个人鱼吧。

还有一些主播为了流量不顾自己的生命，花椒直播主播"极限第一人"吴永宁，为了吸引用户观看，在不采取安全措施的条件下，攀爬长沙华远中心，最后失足掉落。

东北的某一位主播给大家表演喝酒、喝油，主播在连续直播喝酒、喝油3个月后，在某一次直播后猝死。

一个个鲜活的例子告诫我们，做主播不能为了金钱、为了流量而失去本心，庸俗的内容注定不能长久。

12.4 内容策略，技术上阵

既然了解了直播中存在这么多误区，那么我们该如何避免走入误区呢？本节将从技术、规章、内容等方面告诉大家规避误区的策略。

12.4.1 人工智能，打破瓶颈

"直播 + 人工智能"的出现，极大地提高了用户的直播体验。花椒直播首次推出的机器人直播吸引了 200 多万用户观看，累计一小时的直播获得了价值约 120 万元的打赏礼物，效果可谓惊人。

为什么用户对人工智能如此感兴趣？可能直播内容的同质化已经使广大用户产生了审美疲劳，而"直播 + 人工智能"的形式让人们耳目一新。试想，观看机器人进行才艺表演，与机器人进行交流互动是不是很新鲜呢？毕竟大部分用户没有与机器人互动的亲身体验，而"直播 + 人工智能"则提供了这个机会。

通过技术改善用户体验，直播平台突破内容同质化，从直播行业中"突围"显然是应对直播危机的一个明智之选。而今后的直播平台竞争也会以技术创新为核心，力争在直播行业中创造出属于自己的一片天地。

12.4.2 渠道创新，解决策略

事实上，直播不能成为一种独立的商业模式，它只是一种工具，必须与其他内容、渠道相结合，才能发挥出自身的无限魅力。而直播平台最需要做的就是利用各种办法吸引用户，并从用户身上获取长期的价值。

那么直播平台应该如何吸引用户的注意呢？笔者将策略总结为下述 3 点。

（1）直播内容要创新净化。
（2）直播渠道要多样化。
（3）直播平台要特色化。

直播行业的竞争越来越激烈，要想在其中生存下来并不断发展壮大，就应该从内容、渠道等方面创造优势，营造强大壁垒。

12.4.3 垂直领域，边路突破

网络直播行业的发展速度之迅速已经远远超过了人们的预期，而直播内容的边缘化现象也是层出不穷。文化部对于这种现象已经加强了相应的监管，这也意味着直播平台"擦边球式"的直播时代已经过去，而各种"直播 + 垂直领域"模式的出现，则表明新一轮的直播大战即将开始。

实际上，直播与垂直领域的结合本来就是大势所趋，是用户需求所导向的。一个直播平台想要长久地留住用户、增强用户黏性，就一定要提高直播内容的专

业性。当然，垂直领域与直播的结合也有难度，与单纯靠颜值、才艺吸引用户的主播不同，"直播+垂直领域"对主播的要求更高，主要是在专业知识方面要有过硬的本领，这样才能经营好用户，让用户转变为"铁杆粉丝"。

跨界融合是直播行业不断向前发展的必经之路，也是比较具有潜力的发展方向，如今，各大直播平台已经陆续推出了"直播+医疗""直播+旅游""直播+电商""直播+体育""直播+游戏""直播+发布会""直播+选秀""直播+演唱会"等方式，而在以后还会有更多的"直播+"模式不断上线。而这对于直播行业来说，确实是可行之道。

12.4.4 制定规章，整顿治理

2016年4月13日，为了整治网络直播的不正之风，还网络视频直播一片绿色的天空，北京文化执法总队举行了北京市网络表演（直播）行业自律公约新闻发布会。与会企业包括新浪、百度、搜狐、优酷、爱奇艺、酷我、花椒、映客等，在此次新闻发布会上，这些企业代表人一起发布了《北京网络直播行业自律公约》。其主要内容大致包括6点，如图12-11所示。

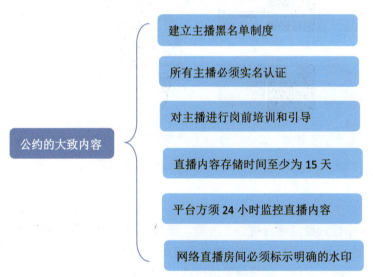

图12-11 公约的大致内容

12.4.5 传统文化，内容突破

传统文化本身存在巨大的传承意义和经济变现的价值，而将其与如今火热发展的直播平台相结合，形成"直播+传统文化"的模式，则会给广大用户带来优秀传统文化的直观感受。

这一突破对于直播行业来说，是内容的深化和净化；对于传统文化来说，则会使其变得更加区域化、平民化、实用化。

可以说，"直播+传统文化"是一次极有意义的尝试。当然，传统文化直播的发展也存在不少问题，比如现在直播平台的受众大多为年轻群体，他们对传统文化了解较少，一时间很难对其产生强烈的兴趣。而且，这种文化类的企业很难在短时间内获得巨大的利益，故而投资人在选择投资时会慎重考虑。

即便如此，还是有人在坚守传统文化直播平台的创建，例如"小在开播"就是这样一个传统文化直播平台，它为直播行业带来新的传播模式和盈利模式。该平台上除了有传统文化意义外，还涉及珠宝方面的内容，如图12-12所示。

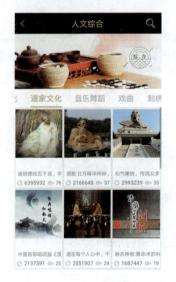 

图12-12 "小在开播"平台内容

12.4.6 技术手段，一改风气

对于一个视频直播平台来说，涉黄、涉毒、涉赌的内容都属于违法内容，都有一定的风险。那么直播平台的经营者应该如何有效避免直播平台出现这些内容，从而规避风险呢？这时，就需要借助技术手段的监控和预警了。

比如，国内知名云计算机 UCLOUD 已经针对网络直播的不良内容推出了云直播 ULive 鉴黄功能，能够对复杂的网络内容进行高效率自动识别，精确度可达 99.5%。

为了打造一个健康、绿色、合法的网络直播平台，光靠主播自律是远远不够的，只有先进的技术手段才能有效监管网络直播内容，刹住网络直播中的不正之风。

目前，各大网络直播平台纷纷开始对直播内容进行监管和整改，整体情况得到了一定的好转。相信随着技术手段的不断革新和普及，网络直播的内容将会不断净化，直播行业将会迎来一个美好、健康的未来。

12.4.7 规避问题，冷静思考

直播虽然是一种网络文化的传播模式，但它也应承担一定的文化职责，同时文化部应对其严加监管。那么，应该如何打造一个具有发展前景的视频直播平台呢？笔者将主播需要规避的问题总结为 3 点，即规避他人版权问题；规避个人隐私问题；规避广告纠纷问题。

每一位视频直播平台的运营者都应该时刻关注、冷静思考这些应该规避的内容，只有及时关注动态，才能有效地规避这些问题，从而保证直播平台不断向前发展。